U0936999

珍藏本·增订本

纪念版

汉译世界学术名著丛书

这一切是怎么开始的

——现代经济的起源

〔美〕W. W. 罗斯托 著

黄其祥 纪坚博 译

孟宪谟 沈丙杰 校

肖希明 总校

W.W. Rostow

HOW IT ALL BEGAN

Origins of the Modern Economy

McGraw-Hill Book Company 1975

根据麦格劳-希尔图书公司 1975 年版译出

汉译世界学术名著丛书
（120 年纪念版·珍藏本）
增订本出版说明

2017 年 10 月，为纪念商务印书馆创立 120 周年，本馆推出“汉译世界学术名著丛书”（120 年纪念版·珍藏本），计七百种。近五六年来，仰赖学界同人倾力支持，订正旧译，增补新译，拓展新著，积累日多。为满足读者需要，本馆在七百种的基础上，继续推出“汉译世界学术名著丛书”（120 年纪念版·珍藏本·增订本）三百种。至此，“汉译世界学术名著丛书”累计出版，已达千种。

今后，本馆将继续推进丛书的翻译出版工作，在积累单本名著的基础上陆续分辑刊行，汇印出版。为促进中外文明互鉴、推动我国学术发展，使“汉译世界学术名著丛书”这项对我国学术文化有基本建设意义的重大工程发挥更大作用，诚望海内外学术界、翻译界继续给予支持，帮助我们把这套丛书出得更好。

商务印书馆编辑部

2024 年 2 月

汉译世界学术名著丛书
（120年纪念版·珍藏本）
出 版 说 明

2017年2月11日，商务印书馆迎来120岁的生日。120年前，商务印书馆前贤怀揣文化救国的理想，抱持“昌明教育，开启民智”的使命，立足本土，放眼寰宇，以出版为津梁，沟通中西，为中国、为世界提供最富智慧的思想文化成果。无论世事白云苍狗，潮流左右激荡，甚至战火硝烟弥漫，始终践行学术报国之志，无改初心。

迻译世界各国学术名著，即其一端。早在20世纪初年便出版《原富》《天演论》等影响至今的代表性著作，1950年代后更致力于外国哲学和社会科学经典的译介，及至1980年代，辑为“汉译世界学术名著丛书”，汇涓为流，蔚为大观。丛书自1981年开始出版，历时三十余年，迄今已推出七百种，是我国现代出版史上规模最大、最为重要的学术翻译工程。

丛书所选之书，立场观点不囿于一派，学科领域不限于一门，皆为文明开启以来，各时代、各国家、各民族的思想与文化精粹，代表着人类已经到达过的精神境界。丛书系统译介世界学术经典，引领时代思想，为本土原创学术的发展提供丰富的文化滋养，为推动中国现代学术和现代化进程做出了突出的贡献。

为纪念商务印书馆成立120周年，我们整体推出“汉译世界学术名著丛书”120年纪念版的珍藏本，寄望既利于文化积累，又便于研读查考，同时向长期支持丛书出版的译者、编者和读者致以敬意。

两甲子后的今天，商务印书馆又站在了一个新的历史时间节点上。我们不仅要铭记先辈的身影和足迹，更须让我们的步伐充满新的时代精神。这是商务人代代相传的事业，更是与国家和民族的命运始终紧密相连的事业。我们责无旁贷，必须做好我们这代人的传承与创造，让我们的努力和成果不仅凝聚成民族文化的记忆，还能成为后来人可以接续的事业。唯此，才能不负前贤，无愧来者。

商务印书馆编辑部

2017年10月

目　录

序　言

此书原是一部较大著作开始的一章，但是已突破原来篇幅的限制。

我正在从事一项工作，要努力把世界经济在过去两个世纪里是如何发展起来的，以及与之相关的，即世界各国是如何经历经济增长各阶段的史实记载下来。在我们目前的这个时代里，共同的经济任务将会把人类与其自然环境保持平衡的必要性同后来者争取富裕的决心这两者协调起来。我觉得，这正是一个大好时机，可以对 18 世纪后期所发生的重要史实作出有条理的连贯的观察，然后向前展望我们大家将来都会面临的问题。长期以来，我一直是以这样的观点来教授经济史的，但是从未尝试按这种观察事物的方法写作。

但是，首先需要说明 18 世纪末世界经济的状况，以及它是如何发展到这样一个水平的，在这一水平，英国能够突破从前在有文字记载的历史上曾限制人类及其文明发展的那些技术障碍。我在第一章里试图论述这一切是怎样发生的，然而，我发现，无论在我自己心目中，还是在优秀的文献中，都没有关于这个问题的十分满意的答案。我认为，出现这种情况是因为这些文献主要在以下三
个方面被割裂了开来，很难综合在一起。第一，从 15 世纪至 18 世 viii

纪，早期现代欧洲的发展，除了一些特殊的情况，都是按国家来记载和分析的，因而可以理解，英国经济史作为最早的成功事例，受到了过分的注意。第二，更重要的是，决定发展结果的那些要素被割裂了开来：国内加强军事实力的斗争，这在很大程度上影响了国内重商主义政策；争夺权力和利润的斗争，这形成了商业革命；所有这些又与科学革命相互交织在一起。有关这些主题的文献，已区分为各种专门的领域，例如，有关第一个主题的一些最好的著作，与其说是经济史学家写的，不如说是政治史学家写的。第三，传统的理论倾向于把技术的产生同经济制度的作用分割开来。而且，对于商业的发展和新技术的采用之间的联系，这些文献的主要观点给人以误解，它们没有充分阐明科学、发明和革新之间的关系。从亚当·斯密直至今天，一个简单的事实是，正规的经济理论体系始终没有把技术变化的进程圆满地吸收到其理论体系之内。专门化造成的支离破碎和缺乏充分的理论体系，这两者结合在一起就不容易系统地说明每一个因素是如何发挥作用的，并带来了以下颇为奇特的结果：英国棉纺织业依靠机器得到迅猛的发展，而创造这些机器，当初主要是为了替代欧洲人难以匹敌的印度人的手工技艺。

用经济学家的术语来说，报酬递增产生出第一个在自我维持的经济增长中领先的经济部门，最终产品就是一个例证。在早期
ix 现代史整个错综复杂的网络中，要取得这种结果，道路并不平坦。这早已为人们所承认。例如，赫伯特·巴特菲尔德（Herbert Butterfield）在关于科学革命的文章中曾告诫人们不要试图去清理这一大堆浩繁的资料：

……科学革命、工业革命和农业革命形成了一个体系，它存在着互相关联的变化。因此，如果缺乏微观的考察，我们只能把它们堆在一起，看成是一场总的运动的各个方面。到17世纪最后25年，这场总的运动显然在改变地球的面貌。危险不在于把这些东西堆积在一起，并把它们归于包含着复杂变化的一大堆资料之中，而在于自以为我们知道怎样去清理它们——我们所看到的是一个充满各种变化的复杂网络，很难说其中哪一种是科学革命本身产生的简单结果。①

从根本上说，这种复杂性的产生，是因为人是多方面的动物，我们对他的了解很不完全。对我们来说，描述人的某一项活动是比较容易的，而把他的活动一项一项联系起来，或把他的活动同他在从事各种事业时产生的复杂内心活动联系起来，那就困难得多了。

但是，为了要说明这两个世纪不可抗拒的经济增长这一伟大事件是怎样发生的，我不能接受巴特菲尔德的论断。我不得不努力，至少在一定程度上，试图把各条线索分清，来表明它们对欧洲的每一个国家以及对欧洲之外的其他地区是如何产生影响的。我还得把这种历史的分析同理论家的报酬递增的说法联系起来，同我称之为起飞并进入经济持续发展的先决条件和起飞本身联系起来。我还发现有必要对另外一个大问题得出结论：为什么古代文明和中世纪欧洲未能产生持续的发展。结果发现，要全部论述完，即便是扼要地论述，也需要五章的篇幅，而不是一章。这样，开始

① 赫伯特·巴特菲尔德：《现代科学的起源》（纽约，麦克米伦公司，1952年），第145页。

的一章就成了开始的一本书了。

x 在这样的尝试中，我得到了许多学者在学术上、观察问题的能力上和智慧上的帮助，书中的引文和脚注清楚地表明了这一点。这些学者也在试图阐明人类历史上这个非凡阶段的各个方面。

另外，我还要感谢弗朗索瓦·克鲁泽、戴维·肯德里克、内森·罗森堡、M. M. 波斯坦和埃尔斯佩斯·罗斯托，他们对初稿提出了意见。维拉·安斯蒂女士、托马森·贾纳兹和杰格迪什·梅拉提供了印度经济史和印度科学技术史的文献目录。帕梅拉·格里斯汉小姐高兴地一遍一遍地为本书的各种修改重新打字。洛伊斯·尼文斯小姐在许多时候都是一位不可多得的助手。

部分论据已于 1973 年 9 月在《经济史杂志》上发表，承蒙编辑的同意，本书已加以引用。

把本书献给我母亲，反映出在专业上和情感上我对母亲都欠了债。母亲为我在大学里最初写成的一批有关经济史的文章打字。她阅读了这些文章，还鼓励我继续努力。

W. W. 罗斯托

于得克萨斯州，奥斯汀城

1974 年 5 月

第一章　为什么传统社会未能产生自我维持的增长

一

现代前的世界之所以值得研究，有许多原因：满足我们的求知欲；丰富我们对人类生存条件和人类创造力的认识；帮助我们了解现代前的世界对现代文明和文化的长远影响。不过，由于本书的目的有限，把现代前的世界作为本书的开始，有其有限的、几乎是数理般的原因，即现代前的世界未能产生自我维持的增长。如果我们能够确定，与现代社会相对立的现代前的社会，当时存在过哪些因素，不存在哪些因素，那么，那些在 18 世纪后期开始的自我维持的增长延续将近两个世纪的特殊因素，就有可能辨别出来。自我维持的增长在现代前的社会受到抑制，是由于对物质的东西不感兴趣？还是受宗教信仰、奴隶制度和封建制度、市场过于狭窄和匮乏、不懂科学、缺少商业中产阶级等因素的影响？是不是还有别的什么原因？

二 2

从某种意义上来说，答案是简单明了的：这个世界从工业革命以来区别于以往世界的不同点就是，它把科学和技术系统地、经常地、逐步地应用于商品生产和服务业方面。这就是我要在关于古代世界是“原始的”还是“现代的”[1]这一著名辩论中划分界线的所在。古代世界既非原始的，也不是现代的。它缺乏的仅仅是稳定的和经常不断的技术革新。在现代世界，这种不断的技术革新已经成为一个新增加的生产因素。就我们所知，这个因素是可以无限扩大的。由此看来，人类智慧的有组织的创造力已经成为一种生产力，足以补偿土地和自然资源的种种局限。因此，社会把自己组织起来开发技术的宝藏与资源，摆脱了李嘉图的“土地报酬递减论”和“马尔萨斯人口论”的幽灵。这种现象已持续两个世纪了。现在，向科学和技术革命所产生的功效提出挑战的，唯有人口的增长率、潜力有限的自然资源以及对生态环境的威胁。然而，如果人类要同他们的物质环境达到动态平衡，科学和技术必将发挥决定性的作用。

现代前的世界并不是没有科学家、发明家、革新家，也不是没有哲学家、政治家、行政官员、艺术家和具有真知灼见、有独创精神的著作家。但是，在一定时期里，人类和社会都曾在技术的种种限制之内生存，因为技术革新是零散的。这种限制是可以用技术的进步和革新来打破的——而且也曾打破过，但是，这种限制却未能经常打破。因此，农业生产水平、城市工业生产和就业水平，可能
3 供养的人口和税收的数量，以及政府实现其目标的能力都遭到压制。

不过，叙述这些观点不是要回答问题，而是提出问题，这就是这一章的主要内容。那就是，为什么技术革新在现代前的世界不

能稳定地出现。在涉及这个核心问题之前，探讨一下相对固定的技术限制是怎样使现代前的世界的生活采取周期循环往复的形式，也许是有益的。

首先要探讨的是一个可以称为小规模传统社会的模式，这是一个非洲部落。

小规模传统社会是经济生活受到极严格的束缚的社会，因为可耕地和牧场的面积相对固定，贸易环境狭窄或者相对稳定。这种社会主要为满足本地居民的消费而从事生产。它的政治和社会组织也同本地区密切相关，并不力求扩大它的政治和经济权力的领域，虽然它可能不时在边界地区卷入军事的攻防活动。由于偶然的发现或者外界知识的传入，诸如关于某种新作物的知识等，生产活动可能会有所变化，但是，这些变化实质上都是一时的，社会会适应这种变化，从而达到新的高度。

不过，这种模式并非静止不动的。小规模传统社会每次达到新的高度并不是一帆风顺的。在既定的生产活动和土地面积的范围内，人口和收入可能出现相对来说短暂的起伏，这是由收成的好坏、疾病或战争造成的灾害所决定的。这些因素通过相当复杂的渠道影响出生率和死亡率，而出生率和死亡率又使得人口大体上
按照周期循环往复的方式变动，同每年可得到多少粮食的敏感反 4
应没有关系。赫克歇尔所提供的 18 世纪瑞典的例子，大概可证明小规模传统社会的一斑，那就是，“大自然是用红铅笔来查账的”，它暴戾地、非常迅速地提高死亡率，一笔勾销了因暂时的和平、没有瘟疫和丰收而猛增的人口。②

历史也提供过另外一些例子，说明还有一种稍微不同的模式。

较大的政治交易单位出现了，大量增加土地面积的可能性也出现了。用于军事方面的物资的数量，同小规模传统社会相比，变动的幅度要大得多，从而和平持续的时间延长了，战争直接或间接给经济造成的损失，以及战争在政治、社会方面造成的后果，都比小规模传统社会的模式更为严重，更为深刻。在这方面，我们要探索亚洲和地中海周围各个帝国和历代王朝的动态。[③]虽然历史未给我们提供单纯的例子，甚至中国历次改朝换代这样吸引人的事例也没有，但是，同只有较短时间进行补偿性调节的小规模传统社会的模式相比较，最恰当的例子似乎是兴衰周期比较长的那种模式。

传统帝国理论上的兴衰周期是随着意志坚强的行政管理在比较大的地区确立了政治秩序而开始的。这种行政管理能够把帝国绝大部分力量和资源集中用于国内。它通常是在上一周期的衰落时期取得政权的，那时战争和瘟疫造成人口下降、田地荒芜、贸易断绝。从这种特殊意义上来说，那时存在着有待开发的潜力。

在和平和安定的环境中，农业复苏了；国内贸易，有时还有国际贸易的渠道开放或重新开放了，而且保持开放不衰；凡是条件合
5 适的地方，灌溉工程得以兴建或重建，而且得到维护。农业产量增长了，农业的构成也有所变化，而且利用比基本谷物价值更高的商品来同不断扩大的城市发展贸易。政府以适宜的效率和诚实态度来征税。富裕的政府的开支以及社会地位高于农民阶层的那些人的开支增大，刺激了各种手工艺品的生产。地区间贸易，也许还有国际间贸易的增加，也刺激了加工和手工业的生产——一般是提高专业化的程度。还有可能设法在老耕种地区安置移民，而且开辟新耕地。在这样的环境中，妇女们结婚提前了；她们的孩子安全

度过多病的婴儿期而存活的人数更多了,政府的妥善筹谋加上合理有效的运输,使歉收地区也有粮食,这样一来,人口增加了。

然而,长此下去,有三种因素会限制经济的进步:第一,人口增加给好耕地带来了压力;第二,要长期保持效率高、廉洁和意志坚强的行政管理有它内在的困难;第三,国家有可能卷入战争,而战争的代价超过了在战争中扩大贸易、缴获战利品或夺得良好耕地所得到的补偿。到了某个阶段,这些因素可能造成土地耕种过度而歉收、赋税过重、瘟疫流行、农民反叛或其他形式的内乱以及中央政府的腐败。

从直接或间接的方面来看,这种没落是由财政危机造成的:政府征收的税款不能满足政府所承担的维护安全和提供福利责任的需要,而且这种责任日益增强。政府本身处理这种局面的做法也许会使资源和目标之间失去平衡,从而加剧潜在的固有危机。 6

到达向上的转折点之后,经济、社会和政治生活后退到比较狭窄的范围内。生产很不景气,仅能维持自给。整个社会就是在这样的基础上运行。通常伴随这一进程的,是人口的下降。④

在小规模传统社会和帝国社会的事例中,发展进程中途夭折的特点,有其根本的技术上的原因,即经济上的发明和革新在传统社会里不是生活的正常现象。这些社会没有经常把大部分的创造才智和其他资源用于打破阻碍经济发展的桎梏上。其原因将在本章的后半部分予以考察。

所以,要了解现代经济增长的性质,我们必须从接受波斯坦的挑战开始:“……要揭示社会发展的基本过程,这个社会是受物质的,或者说,受马尔萨斯人口论的限制的,如果按广义使用这个术语的话。”[⑤]就我们所知，他试图表述的这一精辟见解的深远意义，超越了中世纪末期。在传统帝国的历史中，我们的确能够“在前一段增长的情况中发现后来出现下降的原因”。“在高产的蜜月之后，接下来的就是漫长的受报应的时期：那时，有限的、已使用多年的土地对耕地的人们予以惩罚，频繁发生洪水、干旱和尘暴”，[⑥]这种情况不仅仅发生在14世纪的英国。

于是，现代前的世界提出了两个问题：是什么力量促成了经济的发展呢？现代前社会有哪些特性形成技术发展的上限，使经济发展受到限制，而且或迟或早又使这些社会衰退呢？我们将要分三个题目来探讨这些问题，那就是：政治；贸易和工业；科学、技术和革新。

7

三

研究传统的现代前社会，我们当然要把各式各样事例的经验加以归纳。例如，S. N. 艾森施塔特（S. N. Eisenstadt）在他的题为《帝国的政治制度》的研究报告中，以图表的形式扼要总结了他对32个现代前社会的研究结果，这些图表都在约一百页的附录中。这些图表列举他所掌握的事例基本上同从帕森的社会学中得出的许多结构标准和功能标准相对照。人们得到的第一个印象是，这些社会存在着几乎无法了解的许多不同种类。而且，这些现代前社会的内部时常发生变化，比如，中国朝代的更迭，罗马与拜占庭帝国的演变。尽管如此，由于我们的目的有限，对这些社会的政治作概括的阐述还是可能的。

这些社会的统治者，同整个历史上他们的前辈和后人一样，主要目的当然是要掌握权力。但是，他们掌权时，都曾遇到政府三项永恒的任务，只是表现形式不同。这三项任务是：保持或者扩大他们的利益，反对其他的政治制度；按照当时的文化准则向人民提供可以接受的福利标准；处理国家政务，主要是维护统一和伸张正义。[7]同直到今天的统治者一样，这些统治者都生活在权力角逐的舞台上，总是有战争的威胁，并往往爆发战争。同样，他们的国家政务——维护国家的统一和安定，保持正义的品质，以及检查在宫廷和官僚机构中是否有腐败现象——所反映出的准则一直延续到现代。至于福利，情况有所不同。他们的文化，最广泛意义上的文化，确定了某种相对稳定的标准。兴盛时期有它的准则，这些准则往往是根据对昔日黄金时代的回忆而得出来的。那时，边陲平静、 8
作物丰收、赋税减轻、国家粮库充盈、路无盗匪，而且，与之相应的是，灌溉工程保持良好。对于统治者的好坏，一部分按这些标准作出评价，但是对于社会，不能指望它会使全体人民的生活水平经常不断提高。这并不是因为人民对物质财富和尘世的目标缺乏兴趣。从上到下，从朝臣到农民，显然都渴望有更多的东西，或者是华贵的奢侈品、金钱、土地，或者是乡村家庭有更多的粮食可吃。在这些社会里，存在着垂直上升、青云直上的渠道。尽管这些渠道有时相当狭窄，但不少人还是拼命加以利用。收成的丰歉、战争的起伏、统治的好坏，会使社会出现或好或坏的时期，但是不要期望整个社会会有稳定的、全面的进步。

在政治格言中，政府具有的三项职能曾得到承认，而且有时论述其中何者优先。比如，孔子就有过下面的谈话：

> 子贡问政。子曰:“足食,足兵,民信之矣。”
>
> 子贡曰:“必不得已而去,于斯三者何先?”
>
> 曰:“去兵。”
>
> 子贡曰:“必不得已而去,于斯二者何先?”
>
> 曰:“去食。自古皆有死,民无信不立。”[8]

中东的格言也有相似的说法:

> 统治者没有兵就没有权,没有钱就没有兵,没有臣民的幸福就没有钱,没有正义就没有人民的幸福。[9]

9 这种社会的统治者在复杂的种种限制和左右为难的处境中,力求协调这些常常互相冲突的目标。这种情况,以某种形式出现于城邦、部落和比较简单的国家结构内部,但是在比较大的,而且巩固和维持相当长时间的帝国中,表现得最为触目惊心。

这类帝国的伟大统治者们都是些生来就要求现代化的人物。他们都是在动乱和分裂的情况下取得政权的,有时则是用从外部征服的办法来掌握权力的。他们曾在广阔的地域上实现统一和建立秩序,而且他们有时还宣扬社会使命的新目标或远景。此外,他们最初的敌人通常是那些传统的拥有土地(或者占有土地[10]的贵族),他们不得不指望那些新的、比较灵活的人来帮助他们赢得胜利,巩固统治,管理广阔的领土。但是他们很快就发现自己又陷入重重困难之中。

首先,让我们看看他们同拥有土地的贵族的关系。统治者可能至少要废黜一些当时的贵族,把土地重新分配给支持他们的人。但是,这些支持者很快就成为本地政权和维护赋税的既得利益者。他们为自己而不是为中央统治者工作。而且,统治者还需要拥有土地的贵族帮助他的行政官员，通常是课征捐税、组织兵源和征集徭役。

他们的第二个问题同官僚体制有关。统治者开始时用忠于他们的人来建立或扩大官僚机构，但是，随着时间的推移，官僚们力图巩固他们半独立的地位，并且力图用攫夺土地的办法来永久保持他们家族的地位。

统治者的第三个关系有时是同农民的关系。他们需要农民为城市生产粮食，向统治者纳税，在军队里服役，为大型公共工程服
劳役。然而，又不能把农民逼得走投无路而起来造反——从古代 10
到 19 世纪俄国农奴解放，这是历来统治者在施政方面寝食不安的课题。[11]统治者有一种趋势，设法超越地主而直接同农民建立互相信任的关系。但是，统治者和农民之间的真正联盟并不能巩固，因为统治者需要同拥有土地的贵族保持长久稳定的关系，虽然这种关系有时是紧张的、竞争性的。

商人和银行家这个第四团体在许多现代前的帝国中曾经发挥重大作用。统治者需要他们提供贷款和捐税，并保证从国内外向城市提供必需品。不过，如果压榨太甚，他们的利益就同贵族和官僚的利益发生冲突。有时候，他们是些外国人，或者是社会地位低下的人。

最后，统治者与宗教团体和宗教体制的关系也很重要。统治者以为他们同上帝有联系，他们是按照文化所需要的方式来执行君王的职责。他们往往以此为理由来宣告其统治的合法性。统治者同宗教、牧师及其机构的关系有很大的差别。这种关系向来都是有些暧昧不明的，即使在统治者绝对并直接地控制宗教机构的

时候。为了维持这种机构也要耗费一大笔本已匮乏的资财。

整个政治和社会结构——以及这些帝国所处的国际舞台——都始终存在这样的设想:土地和资源是有限的,那么,一个人、一个家庭或者一个国家只有使他人有所失,自己才能有所得。这种论断就是统治者每天为之操劳的现实。他们没完没了地争斗,不管
11 有多大的反抗,为的是要获得资源以维持他们的宫廷和行政机构,兴建辉煌的建筑物以宣扬他们的统治正统合法。首要的是要维护或建立他们的军队,以保卫他们的国土和国家统一,或者追求他们在国外的野心。

就是在政治、社会和资源种种限制的范围内,现代前帝国的统治者们经历了扩张和兴盛、危机和衰弱的时期。在这种周期的上升时期,我们能够观察到许多现在我们认为是工业现代化以前的种种因素:

- 通信联络改善,国内市场的价格趋于统一和降低,民族国家的意识提高了。
- 农业产量增长,同城市的交流加强了。
- 对外和对内的商业在扩大。
- 在既有的工业技术的限度内,制造业在发展。
- 商业、工业界、官僚以及同现代城市活动有关的技术专业团体的数量、信心和政治影响都在增长。
- 在帝国统治结构内部出现了专业化程度相当高的政府机构,甚至出现了一些下属机构的自治权。
- 在繁荣阶段,社会上判断人们行为的世俗标准广为流行,人们越来越追求世俗目标。

在上升时期，这样的社会的确可以从以前的下降时期得到好处，那就是，过去未利用的土地往往可以移民开发或重新移民开 12
发；贸易可以在重建统一和秩序的情况下恢复起来；有时会出现长期的和平间隙，比如，在罗马帝国的皇帝奥古斯都和马库斯·奥里利厄斯之间的时期，莫卧儿帝国从阿克巴统一到奥朗则布出现的时期，在中国清朝的统治完全巩固（约 1683 年）之后的一百年间，都是这样的。

但是，这些发展和繁荣的时期或迟或早都要让位于衰落时期。如前面所说，衰落最典型的近因就是战争。发生战争的可能性，有时有限的军事行动，曾促进了使社会趋向现代化的政策的产生。然而，大规模的和持久的战争导致统治者们大肆掠夺资财，其数量之大，超出了社会的承受能力，于是，经济、社会和政治自动衰落的过程就到来了。公元前五世纪雅典的迅速衰落，西罗马帝国的缓慢而痛苦的衰败，当然都是这一过程的典型事例。从中国和其他地方一些王朝的没落，也可看到这种过程。

正如艾森施塔特所看到的，造成衰落的内在因素，是统治者们极力为满足其需要而动用的资财超出了其制度所能提供的限度。他认为，官僚帝国的衰落是“由可资利用的自由经济和人力资源供应日渐萎缩而形成的……造成这种自由资财缩减的原因，通常是统治者们的过度索取、比较灵活的集团与贵族集团之间的冲突。资财的缩减在这些社会的政治社会进程中产生了恶性循环”。[12]

但是，长期的和平和繁荣也能使这种社会处于紧张状态。中国前辈洪亮吉就曾作过这样的结论：

经长久之和平，天地势必使人口繁殖，而赖以养育之资源有

13 限。长久和平，政府无从防止人口倍增而补救乏术。[13] 中国的清朝和日本的德川幕府时期最后都受到了马尔萨斯所说的那种压力，同中世纪后期的英格兰一样。[14]

无论是战争的过分需求或者是人口的压力引起的衰落，都有其相同的根源，那就是传统社会并没有产生出能够稳定地应用于经济的发明和革新。所以，他们终于在某种技术的局限下挣扎而崩溃。这种技术的局限遏制了政府为进行战争所能投入的人力和资源，也限制了土地能够供养的人口。大范围的商业活动、高度精致的手工艺制造业、技艺精湛的土木工程、生气勃勃的城市生活、众多尽职尽责的官僚，都没能促使经济起飞。罗斯托夫采夫就罗马帝国提出的根本问题，对于许许多多经历过发展与繁荣的黄金年代的社会也同样适用，那就是："问题依然是这些。资本主义的胜利进展为什么会停滞不前？机器为什么没有发明出来？商业体系为什么不完善？原始经济的固有力量为什么克服不了？这些力量正在逐渐消失，但为什么没有完全消失？"[15]

罗斯托夫采夫问题的答案之一，存在于现代前社会的政治的性质中。这些社会的文化和宗教没有为统治者确立正常的发展目标。只好把同样意思的话再重复一遍了。在和平时期，收成好，统治者照章收税，因而国库有盈余。文化和传统规定了这盈余的用途：兴建公共纪念性建筑，供私人挥霍，偶尔也用来减轻农民的税
14 捐负担。好的统治者和好的社会是有其积极的规范的，但是这些规范并不包括这样的观念：把盈余用于逐步提高按人口平均的收入。这就是在传统社会为什么未能出现现代社会那种增长的根本原因。古代和现代的统治者们都有提高产量的明确动机，以便他

们能从中获取常感匮乏的税收。后来，当产量的不断提高在人们心目中成为现实可行的愿望时，统治者就成了鼓励发明和革新的主角。

罗斯托夫采夫问题的另一部分答案否定了亚当·斯密的著名论断："劳动分工受市场范围的限制。"在现代前的社会中，国内外市场的扩大并没有使私人企业家给工业的或者农业的技术以根本性的和经常性的变革。

四

在《国民财富的性质和原因的研究》一书中，亚当·斯密写道："……中国和印度斯坦的制造技艺和工业虽然落后，但似乎并不比欧洲任何国家落后多少。"[16] 后来，虽然他不赞同中国把对外贸易看作"乞讨商业"的观点，他还是注意到中国的巨大而有活力的国内贸易，并且不能不得出这样的结论：中国的技术能够更加精湛，如果"……这个巨大的国内市场同世界其他地区的市场结合起来"，包括获取"……别的国家使用的各种机器"[17] 的知识。

但是，历史的教训是，亚当·斯密关于市场规模、专业化和制造业技术的精辟见解并不完整。德怀特·帕金斯(Dwight Perkins)说得好："商业的发展不会自然而然地进入或者必然会进入工业化。仅仅中国的经历就足可证明这一点。"[18] 事实上，经济史 15
的普遍教训是，国内外贸易大扩展时期并没有自动引起技术的急剧或逐渐的改进。不过，关于公元前 5 世纪雅典人的这一结论，对于后来 22 个世纪的许多时期和地点都还有效，虽然商品和来源都相应发生了变化："希腊政治家伯里克利时代的一个雅典市民不仅能够享受雅典的橄榄油和酒，而且还有黑海的谷物和干鱼，腓尼基的枣子和西西里的干酪；他可能脚穿波斯拖鞋，躺在爱尔兰制的床上，头枕迦太基的枕头"。[19]

简单明了的事实是，这些贸易扩展的阶段曾促成资本的扩大，而不是资本的深入；就是说，只扩大了产量，而没有重要的技术变化。在现代前的世界里，大宗贸易正常进行的两大产业——粮食生产和纺织业——出现过一些发明和革新，但是都出现得很缓慢，而且零零星星。例如，亚当·斯密曾用毛织品来说明"改进的过程对于制成品实际价格的影响"。他指出，同 14 世纪相比，没有什么实质性的变化，但是 15 世纪末期以后，出现了三项"非常重要的改进"：纺车、绕纱机和经纬整理机，还有缩绒机。[20]

农业也出现了缓慢的变化。同新世界的接触，使欧洲和亚洲的这种变化加快了。但是，莫兰在谈到印度时说："……在阿克巴时期，没有调查农民问题的科学人员，没有为满足农民的需要而设计农具的熟练工程师，也没有专心组织农民市场，或为提供资金给
16 予方便的财政专家。"[21]食品供应对公众福利和统治者的岁入都极为重要。因此，人们本来预期，在印度和别的地方会出现一种较为富有活力的政策。但是，除了维修灌溉工程（主要是在中国、埃及、中美洲，也在印度的部分地区）和坚持使农民以某种方式依附于土地而耕种之外，为增加作物产量所作的努力充其量也只是微不足道的。

只有在市场比较狭窄的地区，才能感受到需要在某些行业的工具上有所发明和革新的实际压力。这些工具可用于制造武器、

造船和航海，采矿和生产珠宝饰品、高级纺织品，可用于兴建和装饰公共建筑以及道路、栈道和灌溉工程。国家和富有者的需求五花八门，然而都没有弹性。不过，总的说来，廉价劳动力很充足。这些社会没有依据报酬递增的原则，使降低成本的技术革新同弹性需求发生强烈的相互影响的作用。

面对这种现象，人们渴望在经济上找出明确的解释，就是说，发明和革新之所以未能稳定地出现，是因为劳动力的供应是有弹性的，而对产品的需求是没有弹性的。如果劳动力既便宜又充裕，而市场既狭窄又相对固定，那么，为什么要自找苦吃地去进行革新呢？

关于劳动力供应，塞缪尔·利利[22]做过一些努力，以寻求古代世界劳动力充裕与短缺时期同技术变化较大或较小的阶段之间的系统联系，但是他得出的相互关系并没有全面的说服力。劳动力相对缺乏时期（如罗马帝国后期和中世纪后期）并没有出现显著的技术进步。水车的传播是这两种情况的最好事例，但是水车的推 17
广是缓慢的、不完全的。而且，后来出现同样的情况，劳动力缺乏并不是产生18世纪后期处于萌芽状态的发明的决定性因素，如纺纱机、焦炭冶炼和蒸汽机。芬利就希腊和罗马廉价劳动力供应之充裕，得出了这样的结论：

> 这显然是一个关键事实，但这事实的含义是复杂的，时常令人难以捉摸。人们通常不能指着奴隶，简单而自信地说：“这就是技术静止和经济停滞的原因。”存在着一种偶然的、对应的关系似乎是可能的，比如在搬运矿石和从矿井里抽水方面。有时也使用机械来输送矿石和抽水，但是，通常仍然由奴

> 隶用皮口袋把矿石从矿井里背出来，靠奴隶用桶把水提上来。另一方面，在西班牙的矿井里(那里的剥削会使当代的作家震惊)，竟然使用了阿基米德的螺杆；在罗马使用奴隶的大庄园里，实行臭名昭著的终身苦役，但农业机械却有极大的改进。㉓

至于需求，这些社会人口的绝大多数都是贫穷的农民、仆人、手工艺工人，或者奴隶。除了用于维持最低消费水平之外，所有的剩余物资都有系统地集中在统治者、宫廷和政府，以及拥有土地的贵族手中。从事商业和专业的中产阶级人数很少。手艺工人的工资相当低。莫兰在谈到阿克巴时期的印度时曾说过：

> ……我们看到，有才干和有事业心的人可以从事的唯一职业就是为国家服务或受国家恩赐。这种职业的显著特征是消费财富而不是生产财富。富有的上层阶级，如果明智地使用他们的财富，本来可以为经济的发展作出巨大贡献，把积蓄
> 18 稳定地投入生产方面。但是在阿克巴时期的印度，并没有作出过贡献的迹象。他们采用储存黄金、白银和珍宝那种无用的方式来积蓄财产。总而言之，国家收入的很大部分不是浪费掉就是花费在穷奢极欲上，这些费用终究都落在从事生产的阶层、农民、工匠和商人身上……㉔

他一再提到，印度容纳货物和服务的市场相当狭窄。

总之，可以给典型的传统社会画一幅经济肖像，有说服力地使人们看到，这种社会的结构——首先是农民贫困，一切收入都集中在地主和国家手中——必然压抑或摧毁随着商业扩展而产生的任何激励发明或革新的刺激作用。事实上，土地占有制和有效市场

的规模在这些传统社会是各不相同的。就直截了当的经济原因来说，例如中国，如果与莫卧儿王朝统治下的印度相比，看起来是在现代工业化中起领导作用的十分有希望的候选者。到公元 12 世纪，中国已经超出封建土地制度。同印度一样，在理论上（比如在公元 7 世纪）土地被认为是“国家的财产，只是分配给那些有生产能力的人（从 18 岁到 60 岁）耕种”。[25]但是，在国家和那些谋求建立大地产的半封建贵族之间，爆发了一场旷日持久的斗争。国家胜利了，产生了没有长子继承权的家庭土地所有制。农村生活包含各色人等，从大地主到佃户和农业工人，70％的家庭都拥有一些土地。他们的土地因后代的能力不同，或者扩大，或者缩小，这包括他们在农村生活以外，特别是在官场中和经商中赚钱的本领。由于实行通过考试选拔帝国文官的科举制度，人们施展才能的机会大大增加了。[26]人们显然在同潜力更为广阔的市场打交道，但是，技术革新仍然受到限制，而且数量稀少。

李约瑟认为，中国之所以没有经常的技术革新是由于：“……商人总是被压在下层，没有办法上升到掌握国家权力的地位。他们确实组织过行会，但是，这些行会从来没有像在欧洲的行会那样重要。在这里，我们可能指出了中国文明未能产生现代技术的主要原因，因为在欧洲（正如大家所公认的）技术的发展是同商人阶级的掌权紧密相联系的”。[27]

李约瑟的解释有三处错误。第一，把中国商人的地位看得比当时实际的地位低下。中国的社会，还有印度，习惯于把商人看作是“卑贱的职业”，这显然言过其实。[28]第二，行会在传统社会中的确有助于保护商人和手艺匠人的利益，但是正如波斯坦指出的，行会不是产生和迅速推广新技术的良好媒介。

> 在中世纪后期，多数城镇都有各种规章，以保持价格公道，维护工资，规定质量标准，最重要的是保护个体户避免竞争。不管这些目的当初是多么需要和值得称赞，但是，它们使技术上的改进非常困难。因为地方的规章在制定之时总是以当时既有的技术方法为依据的，一旦制定，这些规章就妨碍了以后的一切变革。而且，那种保护的精神根深蒂固，以致每个地方行业都把技术方法当作秘密。[29]

20 当革新得以实现时，推广却很缓慢：缫丝机是1272年在博洛尼亚发明的，但是直到1538年以前，博洛尼亚以外的地方对它一无所知。直到17世纪，英格兰才开始仿制并使用这种机器。总之，传统社会中的行会一般不是鼓励和传播发明的工具。第三，犹如我们在以后的章节里提出的论据所说明的，18世纪，欧洲技术革新的增加，同贸易的扩展和商人地位的上升等因素无关，虽然商人发挥过作用。而且，在许多国家（如日本、俄国和土耳其），技术革新后来主要是从上层——由官僚、军人和具有现代化思想的政治家——而不是由商人推动的。总之，李约瑟关于中国的论述——以及他含蓄地提到的西方之所以出现系统的技术进步的看法——过于简单，不会得到“普遍承认”。

马克·埃尔文[30]在有关中国长期历史的一篇生动而有独到见解的论文中，对中国为什么没能产生工业革命这个问题，得出完全不同的解释。他着重注意中国经济的发展和繁荣时期，特别是17世纪和18世纪，研究了这样一些假设：工业革命受到抑制是由下列某一个因素或所有的因素造成的：资本不足、市场有限、妨碍发展的政治障碍(包括商人的社会地位和权力),以及所谓中国人没有能力发展大规模长久存在的企业。他提出了令人信服的证据,否定了所有这些“常规解释”。

他持这种看法:中国在农业和水上运输方面的技术已经达到“高水平上的一道关口”。技术的进步面临这样的问题:既要让产量大幅度增加,又要使成本大大下降,技术就需要有较大的、间断性的飞跃。实际上,化学肥料和蒸汽动力(如用于水泵灌溉和用于 21
运输)都需要发展。除这些情况之外,他还提出,由于人口给有限耕地造成压力,原料成本上涨,以及国内棉花供应不足(只有局部关系),使得人口平均的收入很低。最后,他指出,在一个逐渐走向19世纪中叶出现的马尔萨斯危机即人口过多的社会,没有要求使用节省劳动力的机器的那种压力。

我的观点多少有些不同。蒸汽机对于17世纪和18世纪的欧洲来说,曾是一项重大的技术突破,对中国也是如此。虽然18世纪的中国按人口平均收入(或者说在人口压力下变得)比西欧要低,但是对纺织品需求的价格弹性却是很大的。如果有18世纪后期英格兰发生的那种使成本降低的技术革命,中国本来会产生它自己的市场。19世纪廉价的欧洲纺织品确实在贫穷的中国找到了市场。最后,18世纪欧洲的重要发明已不是主要为了节省劳动力。从另一方面说,中国传统社会后期达到的“高水平上的一道关口”同其他传统大帝国的情况并没有根本差别,这些帝国都曾经历过以前的经济发展时期,但是没有发生技术革命。

17世纪和18世纪的中国所缺少的东西,看来正是一种不断增长的对科学、哲学、发明和革新的激情——这种激情曾是同一时期欧洲的标志——这种激情在第四章里还要讲到——而且这种激情当时弥漫朝廷、大学、首府和各省区的科学团体、咖啡厅和作坊。
22 这种激情把注意力集中于那些必须突破的障碍环节，集中于国家或私人企业家能够攫取更多权力和利润的各种机会上。

埃尔文的研究报告有下面一段话，表明了他的观点同本书观点之间的共同点和差别：

> 被历史学家通常看作对西北欧工业革命起过主要推动作用的每一个因素，在中国几乎也曾存在过……只是缺少伽利略和牛顿的科学。从短时期看，这并不重要。如果中国人具有或者发挥了17世纪欧洲人那种追求试验和改进的狂热，他们本来可能很容易地根据王祯所描述的原始模型制造出高效的纺纱机。……制造蒸汽机会困难一些，但是对于在宋朝就已经造出双向活塞喷火器的民族来说，这不会成为不可逾越的困难。关键问题是没有人尝试去做。农业是个重要例外，在基本科学知识的贫乏成为严重障碍之前，中国大部分领域的技术早已停止前进了。[31]

我们在形式上、分析上的分歧，在于怎样看待基础科学同发明的关系。埃尔文认为，基础科学同发明的关系是直接的，中国有足够的科学知识使发明前进，问题在于缺少经济刺激，阻止了必要的“试验和改进”。一句话，没能做到这一点，原因在于需求这一方面。本书第四章的论点是，科学革命——用埃尔文的话说就是伽利略和牛顿的科学——是西欧工业革命的关键因素，但是，它的多种作用，如对于发明的供应和需求，以及对革新的意志的影响，是间接的。[32]

五

在希腊和罗马、阿拉伯世界、中世纪的欧洲、印度和中国，当时都有科学家在工作。[33]有发明家和发明成果，有一部分发明成果已 23
在农业、工业、建筑、水运和航海方面得到应用。需要解释的问题是，为什么这三项既有区别而又互相关联的人类活动——分析物质世界，创造新技术，以及把新技术引入生活中能够取得成果的领域中去——没有产生经常不断的革新呢？

在某种意义上，这是数量的问题。只是没有足够的人来研究科学上的问题以取得重大的突破。波斯坦关于中世纪的论述在其他传统社会也有类似之处："……整个说来，人们因科学思想而遭迫害的事很罕见：之所以罕见是因为具有危险思想，或者确有某些科学思想的人本身就稀少；如果确有这样的人，那倒令人奇怪。这并不是说没有才智卓绝之士。而是说，在那看重信仰的时代，对于胸怀才智的人来说，信仰的感召——对信仰的阐释、论辩和尊崇——就足以吸引他们的全部精力。简单地说，他们没有时间从事像科学这样的工作。"[34]

不过，作为人，都有一种天生的冲动，要从理论上阐述他周围的物质世界。正如乔其奥·德·桑蒂拉纳所说的："……人非常想使整个世界都有意义……"[35]在社会里，有一些人相信他们的观察和思考能够认识世界——或者认识世界的一小部分——而且这些人有办法生存下去。在这样的社会中，科学家的供应曲线就能够在很大程度上不受经济的或别的刺激而发生变动。但是，除了天才的作用之外，科学的进步是许多人的智慧累积的结果，随着时间的推移，他们互相影响，互相在他人的成果之上继续有所建树。传统社会为热心科学的人保留了一席之地，但产生不了稳定而有力的刺激，以吸引许许多多这种人去从事科学工作。

24 然而，大家都知道，古代的地中海世界在许多领域里都产生过丰富的观察和思考材料，中世纪欧洲的科学家恢复并保存了这些遗产。李约瑟和他的同事们指出，在基本独立的基础上，中国的科学和技术至少可以和古代的地中海世界媲美。[36]在印度，按科学方法这种精密的概念来看，许多科学领域显然在进行有系统的研究。[37]从印度的纺织品和金属制品的工艺质量、采矿业的规模和贸易的渠道也可以明显地看出，印度积聚了大量的工艺技能。印度的医术精湛也有许多证明。[38]总之，同中国接触曾使印度和阿拉伯国家能够从中国得到技术成就，很可能双方都在交流中受益。例如，李约瑟指出："那时候亚洲东西两端的科学家有过直接接触的史实，没有受到人们足够的重视"。[39]他所举的例子之一，是公元7世纪印度有一位学者曾向中国人介绍了一些无机酸的特性。[40]虽然李约瑟倾向于这种观点，即中国人的贡献要大于他们所得到的，但是他也强调，由于很难确定印度重要科学文献的年代，问题是相当复杂的。[41]

按现代的标准，这些给人留下深刻印象的大量科学材料——东方的和西方的——当然并不完整，而且常有错误。另外，这些材料还缺少一些东西，这些科学材料都没有向科学界以外的普通人提供有关物质世界的新观点，向宗教的、哲学的和神话的种种解释进行挑战。那些解释总是把人类从早到晚、一年四季都无法躲避

的各种现象合理化。从事科学研究在传统社会是得到了承认，但只是生活的小小一部分。在现代前的世界，没有一个科学家—— 25
连亚里士多德在内——曾产生过那样的成果，可以使别人令人信服地给予他同埃德蒙·哈雷（Edmond Halley）在牛顿的《原理》一书序诗中的颂词那样的赞扬：

> 这里也在思考那些规律，上帝创造宇宙时并不把它们弃置一旁，而是使它们成为他的功业的牢固基础。[42]

我们现在称为基础科学的那些学问，在传统社会里并没有使政治统治者或商人、官僚、地主认识到，他们的物质环境是可以理解的，而且能加以系统地、创造性地、有收益地利用。

传统的科学还有另一个次要的弱点：从事科学研究的人大都不把他们的工作同技术的任务联系起来。[43]例如，亚里士多德是以“高雅”为理由来划分科学和实用技术界限的：

> 据说，古代科学研究的目的是知而不是行；是要理解自然界而不是去驯服它。这个命题是正确的。如果认为这个命题是陈词滥调，并试图向它挑战，这样做，在当代似乎相当时髦，但依我看来，是错误的，肯定要失败的。亚里士多德的判断是对的。在《论政治》的第一节末尾，他写道（根据巴克的译文）：“各种形式的成果现在都已作了全面的叙述：对它们加以细致而详尽的思考，可能有益于实用的目的；但是长久地研究它们，就会庸俗不堪……有几位作者已写过关于这些问题的书……谁有兴趣的话，应该参考这些著作来研究这些问题。”亚里士多德是古代最伟大的博学之士，孜孜不倦的学术研究家，科学和哲学中许多新学科的创始人。他的好奇心是茫无

> 边际的，但是，属于道德范畴的“高雅”却百般干预，不让把知识应用于实际，除非是把知识应用于道德和政治方面。[44]

26 这种分离，使科学家不可能运用在实践中有发明才能的人可能提供的工具来从事实验。这种分离也使得发明家和可能的发明家不能同科学家经常接触，从中获得鼓励和启示。波斯坦关于中世纪欧洲的论断很能说明现代前的科学为什么会僵化：“中世纪的技术和中世纪的科学各自困守在严密限制的范围之内。”[45]

发明家和科学家一样，是与众不同的人。他们创造性的发明和试验的能力——像其他天生的才能一样——是总要表现出来的。他们显然会因为用新方法解决了实际问题而感到满意，但不在乎成功可能会带来的经济或社会报酬。就我们所知，这种人才到处都有。科学家的情况也是这样。有天赋的发明家的数量相当多。技术的进步一般都是许多人的心血累积的结果。他们为了解决一个明确提出的问题而长期奋斗，并且互相在别人的成果上继续前进。技术的突破只与个人的名字相联系。偶然有这种情况——但很罕见——一项发明确实是由一个人完成的，如伊莱·惠特尼(Eli Whitney)发明轧棉机。但是从广义上说，在一个社会里，终究是由发明活动的规模决定可供应用的技术的总量。

这就是说，我们还必须提出关于供应和需求的问题。传统社会是否能使那些具有发明才能的人很容易成为发明家呢？在需求方面是否有强烈的刺激力，促使人们去发明，并促使他们的发明得以应用呢？

在供应这一方面，很明显，传统社会的结构只能在总人口中发
27 掘出一小部分具有创造才能的人。总人口中的绝大部分人从儿童

时期就受到生活的折磨，他们从事农业，实际上没有机会受教育，不了解观念世界，甚至不知道形形色色的城市生活。毫无疑问，出身卑微但天赋高的男女——农村的和城市的——不仅吸收了纺织、金属加工和装饰艺术中的传统方法，而且还有创造性的更新和提高，这些情况远非历史学家的能力所能追寻。在才华横溢的人中，地位较高的从事制药，或在建筑和土木工程、造船、航运、武器制造、采矿以及碱性金属的冶炼等行业从事组织和设计工作。一个人一旦加入了这样的行列，就会得出这样的印象：能让发明家汲取养分的绝对的技术知识总量并不少，不会必然妨碍技术发展的累积进程。总之，17、18 世纪的印度和中国，按照欧洲的标准，容纳了数量极大的人口：1700 年左右，印度可能有 10000 万，中国可能有 15000 万。即便那些实际上能施展才干的具有发明天赋的人在人口中的比例很小，绝对数字却要大大高于约有 700 万人口的英国，或者有 2500 万人口的法国。在传统社会中，从人才库中曾不断涌现出新发明，尽管按照后来的标准，这只是涓涓细流。芬利(Moses Finley)说过：“自相矛盾的是，古代世界的技术进步，与标准的描述相比，既有比较快的，也有比较慢的。如果我们能够避免犯只热衷于搜寻重大发明的错误，而且也能在传统的技术方法范围内来看一看发展的话，那么，技术进步是比较快的。如果我们避免犯相反的错误，而且不仅仅了解每一项发明的诞生过程，并看一看这项发明的使用广度的话，那么技术进步就是缓慢的，而且是极其缓慢的。”[46]从李约瑟对中国技术的描绘，从关于传统印度和现 28
代前世界其他伟大文明的类似文献中，暴露出来的恰恰是这一种自相矛盾。

因此，我得出这样的结论，传统社会中形式上起决定作用的弱点在于需求这一方面：缺乏革新者，缺乏那些受经济的及其他的刺激或观念的影响而去积极探索技术变革的人。

现在，我们再来谈谈统治者和官僚、地主和商人，因为他们是革新积极性的潜在源泉。

首先要解决一个纯经济的问题：潜在的民间企业家是否缺乏资助革新的资本和信用机构？例如，芬利认为，在古代社会，“私人资本……不能随时用于促进和应用许多可能的技术革新项目……没有适当的信用手段——流通票据、账面结算、信用支付”。[47]但是，这个论点太过狭窄。在传统社会里有商人、放债者和地主，他们拥有大量财富。确实，统治者依靠他们，或者在公共开支很大的时候，强迫他们吐出资财。此外，在工业中进行革新所必需的资本储备一般不多。当革新成功之后，进行推广所需的资金大部分可以用利润再投资。芬利也承认：“拥有资财的个人是够多的了，但他们对生产（农业生产除外）不感兴趣。”[48]农业和工业一样，根本的问题是，那些本可以从扩大生产得到很大利益的人为什么不组
29 织有才智的人和筹集资财来提高生产率呢？姑且不论有潜力的私人革新者的处境如何，统治者肯定拥有可用于鼓励以及资助农业和工业革新的资财。他们在制造武器方面就常常这样做。但是他们在农业和工业方面从来没有这样做过。

因此，只能得出这样的看法，本章所提出的问题的基本答案主要在于观念世界。传统社会存在着研究和了解物质世界的冲动，用尤里皮德斯动人的词句来说，就是思考“不朽的自然界的永恒规律，它是怎样构成的，什么时候，为了什么……”[49]但是，除了在制

造武器方面之外，科学同技术和生产性的发明没有什么联系。这是因为传统文化缺少培根那样的、认为这种联系对国家对个人都会有好处的见解。传统社会还有想把事情做得更好、更有效率的冲动——进行试验、设计、发明的冲动。那里曾经流传着不少有关发明的精辟见解。这些见解可以在纺织业、金属制造业和曾在欧洲最初引起工业革命的蒸汽机方面，生长出发明的萌芽。但是这些见解从来就没有成熟过并有效地加以应用。掌握着财富的那些人绝不是不贪婪。无论是国王还是朝臣、官僚、商人，或是高利贷者，都有公开的或秘密的贪婪之心，渴望占有额外的财富。这是实现现代发展体制所需要的财富。但是，用西坡拉的话来说，他们的“精神和文化的态度”[50]不可能使他们认识到，他们和所有的人都能够利用的全部财富是可以通过鼓励新技术而逐步扩大的。

总之，应该把争论首先放在传统社会统治者们的心思方面。在统治者致力于处理国家事务，包括进行耗资巨大的战争时，扩充可资利用的资源的总量，当然符合他们的既得利益。不管怎样，官 30
僚、商人和高利贷者的生活通常是比较富裕的，而且不会因社会秩序的变化而受到损害，除非恰好处于社会状况不断衰退的恶性循环时期。即使受到损害，他们往往也能够舒适地度过有生之年。但对统治者们来说，他们面临的挑战却十分强大，而且无法逃避。统治者们拥有激励技术革新的财富和权力，但他们不会理解这是一条现实的可供选择的道路。无论是科学家、发明家、哲学家还是宗教人士，全都没有形成这样的远见：系统的发展是可能的，而且是解决统治者们的中心问题的可行办法。[51] R. V. 琼斯（R. V. Jones）明确指出：“他们会出色地治理……他们所能设想的任何形

势，但他们不能够为他们想象不到的事情制定法律。”[52]

当然，断定正是观念陈旧和鼠目寸光阻止了现代发展的到来，必然就提出了一个更为深刻的问题：具体说来，传统社会的文化结构中有哪些东西阻挡着道路？例如，有人试图用古希腊和中世纪欧洲的文化来回答这个问题。曾有这样的论点：希腊的人道主义躲避开机器；[53]中世纪教会的权力控制了人们的思想和习惯，这就窒息了发明和革新。但是，关键的事实是，差别很大的传统文化却产生了相同的结果：它们都缺少这样的观念，即人类有能力、系统地驾驭大自然，使经济稳步发展。确实，在人类的全部经验中，作为社会动物的人类，其命运的最自然的形式——在家庭或大帝国
31 的生活中——就是围绕着相对稳定的准则而循环不已。阿纳克西曼德曾经这样说：“事物的周而复始是不可避免的。”[54]真正需要解释的问题，是人类怎样形成稳定发展这个相当奇特的、或许一瞬间的观念的。当我们进入中心经济任务将逐步在人类与物质环境之间达到稳定的动态平衡的历史阶段时，回顾从 18 世纪 80 年代开始、取得了不可抑制发展的非凡的两个世纪（以及欧洲历史上这一发展出现前的约三个世纪），这段历史很可能是人类经历中重大的特殊时期。[55]当传统社会的统治者们一旦陷入——他们总是周期性地陷入——所需财富与可供财富冲突的困境时，他们或者设法从经济中榨取更多的税收，以致超出了经济和社会结构所能忍受的程度，或者向国外索取战利品或贡品。这两种方法都不能长期防止周期性衰退的到来。这就是传统帝国的命运。

六

这样，我们可以得出结论，传统社会关键性的失败是属于观念方向的：科学——充满活力且无法抑制——没有使那些能够取得财富或有权使用财富的人懂得：物质世界是可以认识，可以系统地加以改造，为他们谋利益的。因此，关于人与物质世界的关系，比较消极的宿命论观点风靡一时。发明家终究是压制不住的。但传统社会的结构不允许也不鼓励发明家与科学家、企业家建立互惠的关系。因此，许多发明实验未能产生成果；许多新发明未能得到有效的应用；即便得到应用，在传统经济中也只能缓慢传播。最 32
后，潜在的公共企业家出现了。这些人具有利用某一块土地或一批工人来增加生产的动机。他们掌握着采用新技术所需的财富，但是却没有去资助新技术的应用，因为他们没有认识到这是一种实际可行的办法。在发展新式武器方面，他们往往不是这样。既然缺少关于经济稳步发展的观念，传统社会的结构本身就发挥它的作用。统治者向被统治者提供了有固定秩序的环境和解决他们争端的办法。他们，像协助他们进行统治的地主等等一样，都在勒索很高的代价。但是，在财富和技术都被判定为基本固定不变的世界里，所有这一切是合乎逻辑的。

这样，农民仅能勉强维持生存；宫廷和地主过着奢侈豪华的生活；商人和高利贷者生活富裕并有大量积蓄，他们拥护统治者们并尽力和他们保持良好的关系，但不把资本用于有关技术革新的活动。这样一种制度下的经济究竟能产生什么东西呢？很清楚，这种环境对发明和革新没有强烈的经济刺激作用。但是,问题在于,具有这种收入分配和消费结构的社会本身,是否能够产生那种与可能出现的经常不断的技术变革和经济进步相适应的社会呢?

答案是:是的,在精神和文化态度改变之后,它们就能够产生,而且已经产生了。为了叙述这个变化是怎样发生的,我们还将按本章的顺序进行:首先,政治进程的作用;然后,商业;最后,科学、发明和革新。

第二章　现代化过程中的政治 33

一

李约瑟在一篇论述欧洲科学与中国科学的关系的文章中，勾画出一幅非常生动的历史画像（见图 1）。他勾勒出对这两个地区从公元前 300 年一直到 20 世纪 70 年代中期科学成就水平的印象。中国的那条曲线表明，在一个连续不断的文化中，科学进步缓慢，但比较稳定地前进。欧洲的那条曲线反映出从古代地中海世界达到的顶峰降了下来，到中世纪，科学知识缓慢地恢复上升，到 15 世纪后期，达到了无可比拟的加速发展阶段。然后，西方的科学革命在各个学科中超过了中国的曲线，后来，在它的冲击下，科学知识融合在一起，产生了世界范围的结果，其时间如下：

34

学科	超越点	融合点	间隔时间（年）
数学 天文学 物理学	1610	1640	30
植物学	1700 或 1780	1880 1880	180 100
医学	1800，1870 或 1900	还没发生	?

资料来源：李约瑟等：《职员和工匠》，第 414 页。

李约瑟的粗线条的图表，用意显然是要象征性地表示，而不是衡量西方的、中国的以及这两个地区关系间的极其复杂的过程。他的图表表示西方数学、天文学和物理学的曲线大概是在哥白尼时期开始上升的。哥白尼诞生于1473年。他的革命性成就不仅反映而且推进了一个对有关物质世界的思想进行深入研究和加以修正的时期。不管怎样,15世纪正在发生的变化已不单单是科学革命的开始。这种变化对于欧洲现代化,而且,对于科学革命本身的进程都大有影响。

在15世纪的后半叶,由于有40年几乎没有间断的和平,植根于早期人道主义的意大利文艺复兴为文明作出了卓著的贡献。而且,在那个时期,被培根看作是产生现代生活方式的基础的三大发明,即印刷术、指南针和火药,得到了广泛的应用。在15世纪,德国人不仅建造了许多自己的教堂,设立了不少自己的研究院,而
35 且还向西方提供了金属活字印刷术——这是一项传播得非常迅速的新发明。也是在15世纪,君士坦丁堡落入土耳其人手中,迫使葡萄牙人和其他国家的人到公海活动。他们开始进行探险性航行,把西半球和远东带进了欧洲的日常生活和意识之中。在这个世纪的中期,大炮闻名于世,它能轻而易举地摧毁封建城堡,也能
36 大大节省用于巩固更大规模的政治单位的费用,尽管后来防御炮火攻击的堡垒有所改进。15世纪末,西班牙从最后一个角落清除了穆斯林的统治,在一定的程度上实现了统一。英国人被逐出法国,路易十一巩固了一个国家。1485年,亨利七世回英国。约克王朝与兰开斯特王朝经过一场流血的、筋疲力尽的战斗之后,英国重新建立了君主统治。在俄国,伊凡三世拒绝向已经分裂的“金帐汗国”交纳一年一度的贡赋,巩固了莫斯科的地位。事实上,莫斯

科成为俄罗斯民族的第一个主权国家。

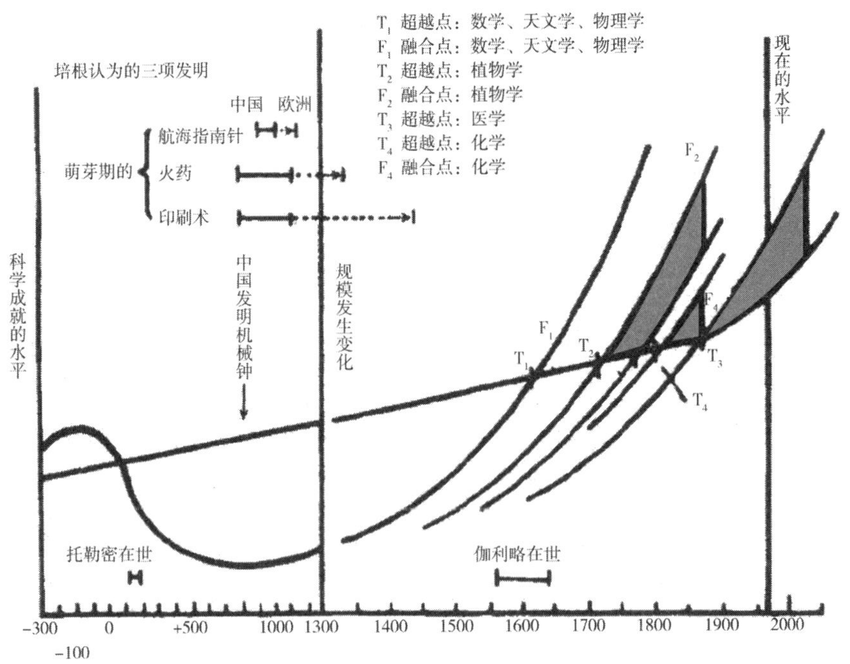

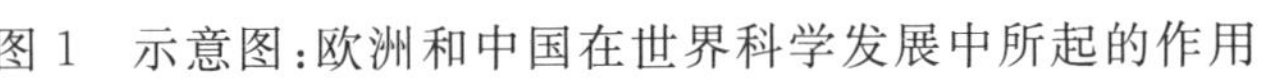
图 1 示意图：欧洲和中国在世界科学发展中所起的作用

资料来源：李约瑟等：《职员和工匠》，第 414 页。

注：马克·埃尔文（Mark Elvin）（第一章注解 30 和 32）对李约瑟图表中表明的中国科学稳步的发展提出了异议。他认为，经过从 10 世纪到 14 世纪的上升之后，中国的曲线应该明显地下降（或许农业除外）。

进入 16 世纪后，民族主义力量越来越大，既反对支离破碎的封建权威，也反对统一的天主教欧洲这一陈旧的观念。为了欧洲之外的殖民地和贸易通道而相互竞争的吸引力，越来越影响大西洋沿岸政府的政策。科学和人类有能力决定自己命运的新意识正在缓慢地积蓄力量。这些影响稳步地持续发展，但是它们的作用同 16 世纪出现的宗教斗争交织在一起，而且遭到曲解。造成宗教斗争的部分原因是由于这些新的影响作用于人的思想和行为。直

到18世纪的前夕，宗教斗争继续在塑造欧洲——人们思想的斗争，国家内部的斗争，以及国与国之间的斗争。每一次斗争——包括宗教问题——都给西方现代经济发展史上留下了明显的印记。

本章涉及的是这一过程的一个方面：互相竞争的民族国家的国内经济政策，以及它们的政策在促成经济起飞的先决条件方面
37 所起的作用。这些政策常常混在一起，统称为重商主义。在后面的两章，要接着研究国际贸易的扩大和技术革新的加速发展，以及政府在这些领域的作用。

二

欧洲民族国家和各个公国的国内经济政策并不完全出于公共福利和经济增长的目的。它们主要产生于中央政府不断增强的权力，它们的权力包括两个方面：一方面，建立统治者与被统治者之间的宪法关系，包括贵族、城镇以及教会对王权的相对权力；另一方面，采用战争和外交的方式来处理国家间事务。

国家在行使福利、行政和安全的职能时，总是有一部分互相结合，有一部分互相冲突。从来就是如此。例如，英国对待贫民的制度是在16世纪形成的，在1597年具体化为《济贫法》。这个制度的形成表明国家在履行福利的职能，但也反映国家对国内安定和秩序的关切。举一个著名的发生冲突的例子：法国君主和贵族之间依照宪法，制定了一个征税制度。据说，可能有些夸大其词，这个制度严厉限制国家把资源用于安全、福利和发展方面。最重要的或许是，安全的目的与福利和发展的目的之间存在着暂时的冲

突。重商主义的行政官员忠诚致力于加强王国军事实力的经济基础。他们却很容易把手段误认为目的，只集中力量扩大国家的财 38
富，而反对把它浪费于战争。英国在 17 和 18 世纪对贫民的关切，一部分是出于道义上或是法律上的原因，虽然也与国家在提高生产上的利益有关。因此，认为那时的政府只是受单一的目的支配，那是不确切的。同它们历史上的前辈和后人一样，它们面临着多种多样的任务。在处理这些任务时，它们拟订出五花八门的、常常相互冲突的政策。然而，政策的主题就是扩大国家的权力。由于那个时期的欧洲是本地区争夺权力的舞台，这种动机就大大加强了。

这个舞台有一个显著特点：权力非常分散，没有哪一个国家或集团有能力取得或掌握霸权。这种情况的形成，部分原因是地理环境、人口分布等因素，以及受通信和战争技术的局限；另一部分原因是由于帝国政府的能力有限，不能有效地治理它们得到的领地。在 16 世纪，查理五世最接近于获得霸权，但是，他没有能够巩固那个松散地结合起来的哈布斯堡王朝领地的全部疆域。总之，这种情况的出现是由于民族主义的抵抗，也由于那些感受到来自强国压力的人本能地实行力量均势的外交。于是联盟出现了——虽然它们是脆弱的、暂时的，或者是机会主义的——以便反对有可能取得霸权的那些人，不管他们是土耳其人还是西班牙人，是荷兰人还是法国人，是瑞典人还是波斯人，是奥地利人、俄国人还是英国人。在 15 至 18 世纪期间，在欧洲的这一部分或那一部分，治理这些民族的国家接连形成威胁，迫使那些害怕它们取得更多胜利的人们团结起来。这些联盟挫败了那些企图以夺取一个又一个首都来不断扩大权力的人的美梦。

39 对经济史有直接意义的是，欧洲的民族国家虽然陷入了无法摆脱的竞争罗网，却仍然在互相学习。在《剑桥现代史》第5卷第528页的上端，可以看到这样一个标题：“伟大的北方战争的文明影响”，它指的是彼得大帝的俄国。要了解这标题中的矛盾，就必须回顾一下1709年波尔塔瓦战争中，两个年轻首领——27岁的查理十二世和38岁的彼得大帝——的极度疯狂性。在18世纪的头25年，他们使他们的人民贫困不堪。但是，彼得为了在波罗的海地区建立并控制一块地盘，进行了激烈的战斗。在这期间，他不仅向原来比较精明的瑞典人学到了大量关于战争的经验，而且，主要按照瑞典的模式创立了一套新的行政制度。他还建立了一支海军和军事工业；改革了货币；简化了字母，为实施现代化的教育制度奠定了基础；为俄国罗致了大量的技术人员以发展工业；进行了广泛的社会改革。这一切使俄国与西方的差距开始逐渐缩小。

西班牙、荷兰共和国、法国和英国相继成为使人害怕的力量，又是吸引别人学习的榜样。这是一种普遍性的模式。在某种程度上，它们互相学习制造大炮、舰船的技术和军事策略。但是，彼得的俄国所采用的方法和政策并不都和军事有直接的关系。法国以及瑞典的行政制度向国外扩散。荷兰的银行业务、农业、工业技工、建筑师、羊和马的良种、萝卜和苜蓿也都流传出去。工业现代化之前的过程，就这样传播出去。这同后来把工业革命从英国传播出去的过程基本相同。这就表明民族主义在发生作用，它促使
40 不那么先进的国家去接受新的方法和政策，以便抵抗比较先进国家的入侵或可能的入侵。但是，战争和担心可能发生的战争大大影响了，比如说1500—1815年期间对政策的制定。而这种影响要

比对后一个世纪的影响大得多。军事利益是国家筹集资财用于公共事务的首要理由。至于能筹集多少，取决于国王对地主、强大的城镇和西方的行会有多大权力，取决于行政管理的效率，取决于国王以某种办法所能取得的，由农业、商业、银行和工业活动产生的收入和财富的总量。除此之外，可以在国内征召兵员，还可以从国外招雇士兵。如果不能完全靠收买方式来结成盟友的话，也可以用资助的方式来实现。调动一切“不受限制的经济资源”是传统帝国统治者的政策的核心，这在早期的欧洲现代史中，仍然是统治者们的中心问题。

因此，重商主义者关心通过贸易顺差或其他办法来建立金银储备，是有一定的道理的。像查理十二世那样强有力的执政者——有了商业基地、持久的出口能力、良好的行政管理体系——就能够使只有 300 万人口(包括非瑞典人)的瑞典成为一个令人生畏的军事强国。只有俄国能迫使他让出波罗的海的霸权，虽然俄国很穷、组织得很差，但他的人口几乎是瑞典的五倍。更为惊人的是，只有 200 万人口的荷兰共和国竟然把它从事捕鱼、航运和商业的可能性变成利润和实力的榜样，这刺激了 17 世纪的英国和法国去奋力竞争，包括形成整个科尔柏制度。17 世纪英国的人口是荷兰共和国的两倍多，法国的人口大约是荷兰的六倍。但是，直到 1650 年，它们仍是农业社会，要把各种资源集中起来用于军事目 41
的，就更为困难。查尔斯・威尔逊写道：“……荷兰的财政收入大于英国。荷兰人的平均纳税额几乎相当于同等收入的英国人或法国人的三倍。”① 此外，荷兰是用分散政治权力和经济组织的方法来取得这种一时的优越地位的。不管怎样，这种方法确实能够产

生足够的防御力量和巨大的殖民企业。越往东方，筹集资财的任务就越加困难。按 H. A. L. 费希尔的精彩的说法，普鲁士只能在分散而又不服管理的农业基地上“制造”出来，而且要靠两代伟大的霍亨索伦家族强大持久的领导来建立他和保卫他。同荷兰相对的另一极端——从地理位置、人口、可开发的资源和政治方面说——是俄国，它是被彼得的有远见的残暴性强迫拉入欧洲国家体制和文化生活中的。

三

在短期内，对所有这些国家来说，战争的代价很大。对大炮、军服、弹药和船只的需求不断增长。它所产生的刺激作用显然比不上它对外贸、建设以及国王非军事用途的财政收入所产生的消极作用。此外，当然还有 30 年战争以及其他一些破坏惨重的战争，如 17 世纪英国的内战，法国年迈的路易十四同反对他的奥伦治威廉联盟的斗争以及北方战争，直接、间接造成了物力或人力的损失。

经过一整套繁难的计算，理查德·比恩设法衡量出 15 世纪末
42 期以前形成的强大民族国家军事活动的规模和费用增长的情况。[②] 与人口相比，职业军人的比例大为增加。例如，他发现英国职业军人的比例从 1200—1500 年期间的 0.2％增加到 16 世纪的 0.5％—1％。法国、土耳其和西班牙哈布斯堡王朝的资料表明，在 16 世纪，职业军人的比例增加了一倍或两倍。[③]

关于筹集按人口计算的实际财政收入，根据比恩的资料，英国

在 16 世纪比 15 世纪增加了 60%。法国在 1460—1597 年期间的平均数与 15 世纪前半期相比，大约增加了 90%。选用 1460—1597 年这一时期，是因为当时在路易十一(1461—1483 年)的统治下，岁入和军费支出都显著增加。在 17 世纪的第二个 25 年期间，法国在黎塞留和马萨林的统治下，赋税再次大幅度增加。到 18 世纪，资料已有可能对战争造成的短期影响作出稍微可信的估价，尤其是英国，在 18 世纪，他大约有 40%的时间在进行战争。

表 1　18 世纪战争与英国经济

	出口	再出口	进口	木材进口	工业生产
	(单位:百万英镑)			(单位:千英镑)	(霍夫曼总指数 1913 年=100)
西班牙王位继承战争，1701—1714 年					
战前最高数	4.6 (1701 年)	2.2 (1700 年)	6.0 (1700 年)	68 (1700 年)	1.59 (1700 年)
战时平均数(1702—1713 年)	4.5	1.6	4.6	58	1.61
战后平均数(1713—1718 年)	5.1	2.2	5.9	60	1.86
奥地利王位继承战争，1740—1748 年					
战前平均数(1734—1738 年)	6.2	3.3	7.4	70	2.08
战时平均数(1739—1748 年)	6.2	3.5	7.3	55	2.21
战后平均数(1748—1752 年)	8.6	3.5	7.9	60	2.42
七年战争，1756—1763 年					
战前平均数(1751—1755 年)	8.4	3.5	8.3	68	2.48
战时平均数(1755—1763 年)	9.6	4.0	9.3	63	2.51
战后平均数(1763—1767 年)	10.1	4.6	11.2	80	2.67
美国独立战争，1775—1783 年					
战前平均数(1770—1774 年)	10.0	5.6	12.6	114	2.96
战时平均数(1775—1782 年)	9.3	4.4	11.3	106	3.23
战后平均数(1783—1787 年)	10.7	4.2	14.4	145	3.97

资料来源：外贸资料由伊丽莎白·舒姆彼得汇编，T. S. 艾什顿在《1700—1800 年英国经济的波动》(牛津：克拉伦登出版社，1959 年)第 183、184、188 页引用。工业生产指数引自沃尔瑟·G. 霍夫曼著、W. H. 查洛纳和 W. O. 亨德森翻译的《1700—1950 年的英国工业》(牛津：巴兹尔·布莱克韦尔出版社，1955 年)第 330 页。

表 1 说明，尽管 18 世纪英国对外贸易出现了发展的趋势，但 1783 年之前的四次重要战争，使贸易总额比战前下降了约 5%。在战后的最初五年，对外贸易额比战前的平均水平上升了大约 13%。英国的木材进口量——反映国内建设的一种适当标志——在战争期间下降了 12%左右，而战后的五年与战前相比增长了约 8%。

从整个工业生产来看，战争的影响不是生产的绝对衰落，而是降低了增长的速度。按霍夫曼的综合指数，战争时期比战前平均
44 上升了 4%；战后的五年与战前水平相比，平均上升 19%。[④]战争的短期、全面影响，在欧洲的任何地方无疑都是消极的。

与 17 世纪因宗教狂热而引起的较为残酷的战争相比，18 世纪战争的目的和负担比较有限。尽管如此，英国军队的人数有 39 年保持在 10 万以上。法国、奥地利、西班牙和俄罗斯也都长期动员了规模类似甚至大于英国兵力的军队，为他们的统治者作战。传统的观点（我觉得，这种观点应该改变）并不认为，把人力用于战争以及由此造成的人力损失具有经济的意义。在这些长期不能充分就业的社会里，军人被看作是劳动力的渣滓。但是，战争的财政负担显然是沉重的。在英国，战时的最高支出是战前正常的支出的三倍左右，大约占国民生产总值的 15%—25%。法国的增加幅度低于英国，但占国民生产总值的比例与英国相同。[⑤]对于那些我们现在称之为不发达的国家来说，这是在大量耗费本应用于消费和国内建设的有限资源。截至 1782 年，英国累积的公债已超过它的国民生产总值——15000 万英镑——达到 22000 万英镑。法国的公债额相当于国民生产总值（21500 万英镑）。[⑥]英国因为有银行

和信用制度(包括借外债),年息很低,只有3%,这种负担就得以减轻。在法国,利息的负担相当于英国的两倍,终于触发了一场革命。俄国国家军费和其他费用的重担直接落在农奴的体力和口粮上,同时也靠一些智囊所能设想的各种赋税来搜刮。在彼得大帝 45
的统治下,经一代人的战斗,按克留切夫斯基的说法,使人民“越来越瘦弱”。[7]

但是,克留切夫斯基也注意到“国家越来越肥胖”。这确是一种趋势,几乎不受战争结局的影响。战争的目标是相对的而不是绝对的,因为政策的主要目的是要削弱别人而增强国力。稳定发展具有现实的可能性这种信念这时逐渐得势。早在亚当·斯密之前,有些人就认识到,一个民族可以因别人的繁荣而使自己更加繁荣,绝不会受到削弱。但是,地理并不像国民收入那样可以膨胀扩大。民族国家政策的主要设想与古代国家和传统帝国的设想非常相似:地理和资源还是相对地限定了权力的总额。这个国家的所得,正是另一个国家的所失。因此,计算战争的耗费,不应着眼于国家收入和财富的损失,而应着眼于最后结局,国家同敌国相比是否有所得。按照这个观点,举例来说,英国、普鲁士和俄罗斯在18世纪直到1793年的欧洲战争中明显有所得。从这种角度看待成败,尽管结果是消极的——以1667和1783年之间的法国为例——但是,因战争的需要而实行的各项政策,总的衡量起来,还是有利于为现代工业的发展创造条件。

四

重商主义国内政策的纲领，在工业化前的社会里，构成了相当典型的一整套现代化的活动，直到今天也是这样。

46 · 改进国内的交通设施；

· 直接或间接鼓励和保护手工业与采矿业；

· 采取特殊方法使军队拥有独自的经济基础（如枪炮、炸药、军服、舰船等）；

· 采取措施以保证有充足的粮食供应；

· 采取措施以扩大财政收入；

· 采取措施以提高行政机构的素质。

要实施这些简单明了的纲领，需要具备一系列必要的条件。[8]因为，重商主义的时期很长，这期间国家的政策常常变化。在18世纪，重商主义作为一种学说，在西北欧确曾遭到越来越激烈的攻击。而且，欧洲各国实行的政策也并不一致。各个国家在制定政策时都会受到以下一些因素的影响：地理特点、先前的政治和社会历史、军事政策或重大事件的特殊需要，在某些情况下，还会受到一度掌握政权的人物偶然的个人特性的影响。尽管情况错综复杂，事实上欧洲国家采取了许多重要的革新措施——主要是扩充君主的税收，或者巩固他们的权力——这些措施从长远看，也有利于它们的经济的现代化。

五

以统一国内市场和运输费为例。这方面，英国有它有利的条件，它有沿海航运，还有从中世纪就形成的牢固传统，即公路通行费必须严格按它所提供的服务征收，不许成为地方当局垄断的税收来源。这种政策一直有效，到 18 世纪，经议会批准新建了收费 47
公路和运河，运输体系得到了加强。但亚当·斯密曾指出，不是不存在滥加垄断的情况。与瑞典相似，英国实际上有一个全国性的海关制度，但英格兰同苏格兰和爱尔兰的关系遇到复杂的问题。苏格兰和爱尔兰的去向既影响它们的战略地位，也影响它们的经济。苏格兰直到 1707 年才终于成为全国市场的一部分，而爱尔兰，在商业上约有 40 年一直处于一种类似殖民地的地位，到 1800 年才成为全国市场的一部分。

在法国，路易十四的财政总监让·巴蒂斯特·柯尔柏竭力把四分五裂的国内市场统一起来。他在以往惯例的基础上取得的成就，同他在其他方面的成就一样，只是局部的、不完整的。然而，他大幅度降低了河道和公路的通行费，他的 1664 年的关税法大大简化和统一了五大农场的税收，这五个农场几乎拥有法国整个北半部。完全合法地统一法国的市场，直到大革命之后才实现。柯尔柏的努力使公路和河流航运以及两条主要的运河得到了显著的改善，一条运河是连接卢瓦尔河和塞纳河，另一条是从大西洋经朗格多克省到地中海。

与法国有限的成就相比，德语国家一般还没有摆脱中世纪延续下来的市场分散的局面，只有奥地利和普鲁士—勃兰登堡为例外。造成这种状况的原因不仅仅在于没有强有力的中央当局来控制地方的既得利益势力，还在于各地诸侯靠征收通行费作为收入。不过，像法国那样，运河的开发，尤其是在腓特烈大帝时期，大大降
48 低了运费，扩大了市场。在易北河与奥得河之间、易北河与哈弗尔河之间、哈弗尔河与奥得河之间兴修了运河，加强了柏林的经济地位。但是，中世纪的通行费制度直到1818年才废除。

在俄国，彼得也未能解决国内的税收问题。直到1753年他死后，这种税收才取消。但是，他确实修建了一些重要的工程，开始克服俄国地理上一些固有的不利因素：

> 一系列的运河把波罗的海和里海衔接起来。运河虽然只通到伏尔加河上游，但仍不失为联系伏尔加河东部支流的重要通道，而且还连接乌拉尔山脉的矿山与工场。连接波罗的海和亚速海与黑海的伏尔加—顿河运河工程已开工，但还没有完工，而拉多加湖地区的一条运河已经开工，这是在涅瓦河和伏尔加河流域兴建其他更有效的内陆水道的第一步。修建这条运河的时间比预计的长，直到1732年才完成。[9]

在西班牙，1700年波旁王朝的建立，改变了前一世纪衰败的局面，并按柯尔柏的方法和形式开始了广泛的实现统一和现代化的进程。[10]建立了统一的政治和行政体制，正式打破了国内的关税壁垒。此外，还特别致力于破除那项在16世纪初制定的被称之为引起饥荒的法规，该法规限定粮食只能在产区内流通。打破这项法规，旨在形成全国性的自由粮食市场。但是，尤其是在卡斯提尔地区，这种努力没有完全成功。这个地区的粮食长期歉收，缺少储

存设施，而且还存在类似垄断的粮食交易制度。在 18 世纪后期，兴建了许多运河，有些用于灌溉与航运。但是，与俄国、德国、法国和美国的情况相似，西班牙也需要铁路，以完全克服地理条件造成 49
的国内市场零散的状况。[11]

荷兰在这方面以及在许多其他事情上的做法有些特别和难以理解。在这个小小的共和国，国内交通没有大问题，因为有许多可用于航运的河流，还有不少可以航运和排水的运河。另外，荷兰在中世纪处于加洛林帝国的边境地带，农村生活大都没有受到传统的封建制度的影响。在荷兰中部、乌得勒支西部和弗里斯兰中部排干水的泥炭沼泽地上定居的人，从一开始就享有半独立的土地所有者的地位。对于管理这地区复杂的水利问题的数百个水利委员会的工作，他们都有发言权。“在中世纪欧洲的任何地方，城市公社或城邦只是封建制度管辖下的农村海洋中的合法岛屿。在临海的荷兰，情况却相反，农业地区建立起一种允许当地人民至少享有某种程度的司法自治和收税权的制度。”[12]德弗里斯认为，荷兰在中世纪形成的农村生活和制度具有特性，这与荷兰共和国早熟的政治和经济自由主义有联系，这种看法是有道理的。在 17 世纪荷兰共和国对英国和法国的重商主义政策的确发生了重要的榜样作用，即使不是最重要的作用。在许多方面，不能把荷兰共和国看成是这一时期的一个普通国家，而应把它看成是一个扩大了的并且延续到现代的复合体，一个以阿姆斯特丹为中心的、拥有相互协调的内陆农业区的中世纪贸易市镇。

六

民族国家的出现，直接引起了种种活动，力求加强全国的工业
50 管理和促进认为与国家利益有关的制造业。像许多重商主义政策那样，对待制造业的最初办法，只是把中世纪的方法在大范围内具体化。过去行会在城市中的作用，在英国和法国都或多或少处于国家的有效控制之下。当时普遍认为这是应该的。L. A. 克拉克森指出：

> 1750 年以前一种非常流行的思想认为，为了国家的利益，政府有权力，甚至有义务来管理经济……从臣民和政府，到要求保护而免受贪婪地主剥削的贫苦农民，以及要求可以随意自由使用自己土地的地主，人人都有这样的要求。各势力集团为某些政策提出建议，都强调自己的建议能使国家安全和繁荣。[13]

英国工业法规中典型的例子有 1552 年制定、经过修订的《布品法规》和 1563 年制定的较为出名的《工匠条例》。前者详细规定了 22 种毛织品的标准；后者规定了全国最高工资额和学徒章程。英国政府的种种干预对工业和农业的各个方面都发生了影响。这种干预改变了稳定的、全国管理制度的形象，具备有三个特征：第一，对某些市场的变化作出反应。例如，当纺织工人的工资经认定为太低时，政府就随时规定最低工资，而不是最高工资。农业政策则根据收成的丰歉、粮食的多少而改变。第二，行政管理松散，连工作过于劳累而没有工资的治安法官也是如此。在这种状况下，

常识、对当地特点的敏感和市场的力量就得以发挥很大的作用。 51
或许斯图亚特王朝时期除外，当时枢密院、议会、法院、行会和治安法官各自都有实权，以致严格而始终一贯的管理制度建立不起来。第三，有一种机会主义的风气，把授予垄断特权作为财政收入的来源。这种风气在16世纪尤为明显。国王行使授予垄断特权的权力，既有政策的考虑，也有增加收入的目的，尤其是要增强军事和工业的实力，确保把硝石用于制作火药，促进肥皂、明矾、玻璃、纸、黄铜和紫铜的生产，后者与军火生产和减少对进口的依赖有关。17世纪还采取了广泛的措施，包括制定《航海条例》，扩大船舶、水手、海军补给品的来源。政府在查塔姆、伍尔威奇、朴次茅斯和普利茅斯兴办了海军船坞以建造海军舰艇。

法国对工业的管理，至少在形式上，比英国更成体系。国王的权力是绝对的，这种权力由精明能干的文职官员热情地贯彻于工业政策，并且由那些领薪水的监察员推行到全国。监察员这个职位是不允许出卖的，这几乎是独一无二的情况。行会从过去——一直延续下来——就成为国家政策的代理人，它们为这种特权向国家付出了巨大的代价。在前任的基础上，柯尔柏巩固和充实了一系列管理规章。它们构成了严厉的制度。在纺织业，它精确地规定生产过程每一阶段的方法和质量。事实上，这些规章往往得
不到遵守，或者监察员被收买。虽然这个制度的作用常常被夸大， 52
其实它只促进了优质奢侈品的生产，助长了普遍的腐化现象和无休止的诉讼。总的衡量起来，它有可能反而减缓了法国技术革新的步伐。

在推动这个扩大了的中世纪制度运行的时候，法国重商主义

的行政管理力量并没有完全耗费殆尽。从路易十一开始，就逐步有计划地鼓励、调整法国的制造业。其目的一方面是要用本国产品代替进口品，保证出口商品的质量和扩大出口，以巩固贸易平衡。另一方面，把发展工业作为增加国内收入的来源。而且，行会要交纳费用，监察员成为可以买卖的官职。

1601 年，亨利四世任命拉夫玛为商业总监，使他得以继续推行他的重商主义思想。他的商业委员会企图使法国能生产欧洲和地中海地区的最优产品：“米兰的金线、皮德蒙特的钢、土耳其的地毯、布鲁日的绸缎、佛兰德的瓷砖、意大利的玻璃、西班牙的皮革、威尼斯的水晶玻璃、波斯和埃及的小地毯……”[14]他的主要成就之一是促进了养蚕业的发展，建立了生产哥白林双面挂毯的工场。柯尔柏在他当政的 22 年中，在各方面大力推行这一系列政策。他不仅努力建立庞大的海军来支持殖民政策，而且使各类武器能自给：水雷、锚、大炮、小武器、火药以及海军补给品。给予私人企业以垄断特权和其他形式的补贴，主要是为了扩大这类制造业，但政府所有或政府经营的工厂要比英国多。

53 柯尔柏的榜样，不仅为法国在路易十四时期成为强国奠定了基础，也对整个欧洲大陆的经济政策产生了深远的影响。菲利普五世统治下的西班牙是一个最明显的例子。菲利普五世是路易十四的孙子，经过 14 年的战争，取得了西班牙的王位。18 世纪，西班牙在经历了多事的三个世纪之后，正举国一致，作为欧洲的一部分，力求向前发展：1469 年，通过费迪南德和伊莎贝拉的婚姻把卡斯提尔和阿拉贡连接起来；最终废除了摩尔人的统治权，驱逐了犹太人；取得在美洲建立西班牙帝国这一非凡的成就，而且直到 16

世纪中期，经济在扩张，查理五世在欧洲取得显赫的威望。由于美
洲财富源源而来的打算只是黄粱美梦，加上 1568 年把已经归化的
摩尔人驱逐出境，西班牙的野心就超过了它的经济能力，因此造成
17 世纪的经济衰落和社会纷乱。在这时期，清谈派们寻找西班牙
经济衰弱的原因，并向哈布斯堡王朝的统治者提出了一系列建议，
但毫无结果。波旁王朝采取了稍有效果的补救方法："使用各种办
法，从直接干预生产过程到灵活鼓励私人企业，他们（波旁王朝）创
建了皇家工厂，特许联合股份公司，输入外国工匠和技术，打击手
工业行会的垄断权，改革国内税收体制，调整关税和商业协议，而
且清除其他妨碍工业发展的种种障碍。"[15]皇家纺织厂规模宏大，
实行从上到下的统一管理，而且得到大量的补贴，但一般都不盈
利。[16]不过，在这种情况下，波旁王朝的政策有助于使加泰罗尼亚 54
和巴伦西亚的私营纺织业兴盛起来。王室鼓励的直接效果，主要
是大力扩展海军和陆军的军火工业基地。政府开办了许多军火工
厂，刺激了对比斯开的铁、阿斯图里亚斯的煤、比利牛斯的木材，以
及对秘鲁和墨西哥的铜的需要量。

在勃兰登堡-普鲁士，政府鼓励制造业，也是采用人们熟悉的柯尔柏的方针，虽然日耳曼财政学家在 30 年战争之后发展了自己的重商主义模式。从 1640 年到 1786 年腓特烈大帝去世，德意志的统治者同怀有较大殖民野心的别国统治者比较起来，更注重陆军对经济的要求。同法国一样，行会的作用得以发挥，而且加强，但受到中央法规的节制。丝、毛和棉纺织业受到鼓励，到 18 世纪后期对平衡收支作出了重要贡献。从国外引进了蚕和土豆。腓特烈大帝用重商主义学说简明的公式，向他的官员阐述了他的指导

原则："有两件事有利于国家的福利，一，从国外把钱赚回来。这是商业的职责。二，防止资金不必要的外流。这是制造业的职责。"[17]霍亨索伦王室的政策，加上严格管理的财政制度，充实了战争资金，使普鲁士能在四面受敌的中欧北部平原上出现和生存。1741年，普鲁士占领了西里西亚，随后又开发冶金资源，大大加强了它的军事实力。建立能使军需品自给自足的基地，一直是国家
55 政策坚定不移的主要目标。从大选帝侯登基到腓特烈大帝去世的一个半世纪，普鲁士全部政策的基础就是乐于从国外招揽有才能和有知识的人才，对胡格诺派的教徒和犹太人亦不例外。

七

在欧洲工业现代化之前的历史中，每一个国家都经历过特殊的、发奋图强的阶段，给后来政策的构成和经济本身都留下了重要的印记。这种努力往往可以同一些特殊人物的作用相联系。例如，伯利勋爵为伊丽莎白女王的英国制定政策达40年之久；拉夫玛和柯尔柏在17世纪的法国；古斯塔夫·阿道夫与阿克塞尔·奥克森谢尔纳合作，为瑞典在东北欧取得短暂优势奠定了基础；德意志的大选帝侯和腓特烈大帝；查理三世在西班牙执政29年(1759—1788年)，制定了目标明确的政策。不过，这些人以及他们所提出的政策和措施在某些方面都是根据前人的成果发展起来的，他们的未竟事业，作为连续不断的历史洪流的一部分，由他们的后继者进行下去。

彼得大帝在俄国的作用，在某种程度上(仅仅是在某种程度

上）有所不同。举例来说，他的前任给俄国引进了一位杰出的意大利火炮专家、一些希腊建筑师、德国工程师和英国商业家。17 世纪莫斯科人把波兰人赶回去的时候，军队和行政管理实现了现代化，拥有土地的贵族为了取得对农奴的权力，承担了军队和其他公用事业的义务，外国人被请进来加强军队建设和修建工厂。事实上，从 16 世纪以来，罗曼诺夫王室不满足简单的手工业生产，设法 56
引进西方在中世纪后期发展起来的工业技术，而地理上的隔离和鞑靼人的统治阻止了这种技术的输入。他们的动机在当时是普普通通的：增强军事上自给自足的能力；扩大出口，减少进口（主要是奢侈品）。富尔曼把统计的结果概述如下：

> 从 16 世纪初到 17 世纪 90 年代中期，俄国建立了 57 座西欧式的制造厂。虽然有 7 座是在 16 世纪建成的，有两座是在 1600—1620 年建成的，但是俄国工业直到 1630 年以后才开始得到系统的广泛的发展。当然，那个时期最显著的成就是在杜哈尼诺建立了四座图拉炼铁厂和一座科伊特玻璃厂。在后来的 22 年，又建造了九座炼铁厂和三座其他工厂，这表明工业有了稳步的（如果不是显著的）发展。17 世纪 60 年代，俄国只建立了一个小铁厂、一个玻璃厂、一个皮革厂和两个造纸厂，但从 17 世纪 70 年代到 90 年代中期，新建了 13 个铁厂和 12 个其他企业，俄国制造业因而得到加强。总之，有七个工厂（占总数的 12%）是在 16 世纪建立的，两个（占 4%）在 1600—1620 年建立的，22 个（占 39%）是在 17 世纪 30 至 60 年代建立的，26 个（占 45%）是在 17 世纪最后 30 年建立的。⑱

这一时期，引进外国技术人员是欧洲国家的普遍特点，但是，

在俄国，外国人作为企业家和技术人员发挥的作用比别的国家大。他们根据俄国政府的指示，筹划建设了大约占总数60%的企业，其中有20%的企业开工了。虽然大部分是铁厂和弹药厂，但铜厂、丝绸厂、棉纺厂、皮革厂、绳索厂、火药厂、锯木厂、玻璃厂和造纸厂也投入了生产。

57 这些企业包括图拉-莫斯科地区生产向西方出口的武器的工厂。从17世纪30年代后期到这一世纪末，俄国生铁的年产量从大约450吨增长到4500吨。[19]国家在工业方面目的明确但不稳定的努力，不是要使俄国西方化，而是为了增强俄国的技术能力，以便在这个有比较先进的敌国、也有潜在敌国的世界里生存下去。

这种政策的结果是不平衡的。彼得在17世纪90年代取得有效统治时，俄国的武器还不能自给，与西方的技术差距还没有缩小。然而，他的努力成为俄国历史上一种日益发展的趋势的组成部分。尽管国家的紧迫感有所下降，但是，俄国的现代化在彼得于1725年去世之后仍然继续发展。国家的直接需求减少了，国家企业的兴建放慢了，民间企业家弥补了这个缺陷，而且有所发展。他们得到彼得的后继者的鼓励，并且允许他们合法利用农奴劳力。[20]在18世纪技术允许的范围内，俄国工业化的势头显而易见地依然保持着。因而在一个农业仍占绝对优势的社会里，城市人口在1722—1796年期间增加了三倍多，从30万增加到130万。

然而，彼得时代有一个特点。格申克龙就法国以柯尔柏和国防大臣鲁佛瓦的对立为代表的、关于把资财用于发展还是用于军费的争论曾发表评论，生动地说明了他对彼得时期俄国特点的看法：

> ……正是在这时候，俄国的经验才显示出它的特殊之处。人们得到这样的印象，特别是从他当政的第一阶段，比如说1715年以前的行动中得到这样的印象，解决问题的办法不是一种深思熟虑的、可以实施的决定，而是一种超人的感觉，似乎发展就是一种转化为压力和强制力的意志所起的作用。结 58
> 果各方面的活动同时并举：建立和装备海军；建设港口；在涅瓦河三角洲的沼泽地建立新首都；勘探矿藏资源，开发矿山，建造高炉和兴办工厂……同时，改编和重新装备军队，改革政府的行政管理机构……
>
> 巨大的努力、气魄、抱负和坚韧不拔的毅力形成了彼得朝代独有的特征。它在如此短暂的时间内突飞猛进。在重商主义的世界，我们找不出能与之相比的例子。没有哪个国家的起点如此之低；没有哪个国家在发展的道路上遇到如此艰险的障碍。前进速度的差别也就是特性的差别。没有哪个国家在神奇的经济发展方面稍稍能与之相比。没有哪个国家能那样牢固地把国家利益置于至高无上的地位。由此而形成了新兴工业的结构，集中力量首先从事金属的生产和加工，以及建立为军队生产军服、为船舶配备帆、绳索和木材和为枪炮制造火药的工厂。因此由国家——至少有一段时间——建立和管理大型企业；这些企业由国家提供一切东西：土地、经营管理人员、资本和劳动力……以及所需要的一切。[21]

否则，彼得只能在几乎完全空虚的权力舞台上活动。土地和人民实际上由他直接控制；贵族与军人是他的仆从，尽管在初期他与射击军发生过纠纷，也曾遭到保守派的反抗，因为保守派觉得他

破坏了俄国的传统；教会很顺从；从 15 世纪末以来，普斯科夫、罗斯托夫、诺夫哥罗德和特维尔这些城镇已丧失了相对的独立，再也没有一个城镇拥有牢固的特权；正在扩大但人数还很少的商人和
59 银行家阶级没有什么强烈的不满。单凭沙皇的绝对权力，光靠他自己的一双手，彼得就把俄国人和自然资源改造成一种比较现代的形式。当然，还必须指出，除了他大量引进的外国人之外，他还在俄罗斯贵族和其他俄国人中发现了能够学会从事建设、管理和能够在战争中率领人们取得胜利的人才。

在技术方面，彼得俄国所采用的工业措施与欧洲大陆别的国家所倡导的措施是一致的，同 17 世纪他的前任也是一致的。目标的核心还是为军队建立生产基地：军服、大炮、船舶、海军补给品和火药。对外贸易也采用相似的管理方法，即限制进口、刺激出口。在乌拉尔山脉，彼得建立起一个铁矿基地，这不仅满足了军队和国内市场对铁的需求，而且在瑞典限制炼铁工场的数量和产量时，俄国迅速成为铁的主要出口国。到 1800 年，俄国的铁产量可能仅次于英国，达到 10 万吨。[22] 1780 年，即英国在这世纪最后 20 年迅速发展之前，俄国的铁产量可能超过英国。

彼得大约建立了 86 个工厂。许多工厂效率很低；有一些工厂卖给了私人（成为 19 世纪 80 年代日本明治时期的政策的先驱）；有一些工厂倒闭了，因为缺乏有效的经营管理和熟练工人，除了满足军事需要之外，没有充足的国内市场。然而，总的说来，他还是留给后人一个相当庞大的、具有各种行业的工业设施。

彼得没有遇到像英国那样需要摆脱，像法国和普鲁士那样需要加以利用和控制的行会组织。他必须利用他继承下来的对农奴

的控制权来调动劳动力，为他建立新的矿井和工厂，开挖运河，建设圣彼得堡和其他公共设施。我们已经提到，在 17 世纪末，俄国确实有一个企业家阶级，而且正在成长。但是，这些人，无论是数量还是才能，都无力经营彼得的大企业，而且企业还在迅速发展。彼得还得像他的先辈那样，依靠引进的外国人，依靠贵族中比较有能力和奋发有为的那些人。委派这些人担任公职，作为他们拥有土地和农奴的代价。在彼得时期，有些人出身卑微而飞黄腾达。 60
格申克龙认为："不是阶级权力关系创造了国家，实际情况与此相反，是国家创造了阶级：劳动者甚至企业家。"㉓只要适当加以变通，这个命题部分地也适用于柯尔柏时期的法国，霍亨索伦时期的普鲁士和波旁时期的西班牙。因为在这些国家，也是由于国家迫切需要种种产品，而改造了经济，变更了各种社会集团的性质和相对的权力。只是对彼得时期的俄国来说，这个命题更加真实。

彼得在重商主义时代的真正特点是他外科手术式的目标，即不仅要改进俄国的技术，而且要改变俄国的文化。俄国的真正特点是农奴制，这不是长期封建制度遗留下来的，而是在建立俄罗斯国家的过程中形成的。它是由罗曼诺夫家族建立起来的，到 1649 年已完全巩固。它把贵族同统治权联结在一起，把农民同土地、同为国家服劳役联结在一起。彼得的现代化政策没有削弱反而加强了这种制度。在 18 世纪，彼得的继承者面对的是决心保持他们的特权而不那么顺从的贵族。俄国的农奴制度与美洲南部的奴隶制度相似，却与欧洲其他国家的农业政策和发展趋向不同。俄国的农奴制度是在现代化的初期阶段形成和加强的。事实证明，它是经济和整个社会完全现代化的一个难以逾越的障碍。

61

八

在重商主义的欧洲，规模最大的工业（除了粮食生产和房屋建筑业）当然是纺织业。乡村和市镇都用古老的手工方法生产纺织品。产品除了供当地消费外，还供应国内其他地方和出口。农民、工匠以及宫廷君臣们都必须穿衣。就是在这种有着广泛基础的工业方面，重商主义面临着最为艰难但又值得深思的局面。这是由于大约在1670年，广泛流行的印度印花棉织品开始进入欧洲，而且数量越来越多。根据重商主义者的理论，与东印度和西印度进行贸易，是要他们用原料、食品和金银来交换欧洲出口的工业品。而现在却进口非常吸引人的工业品，而出产这些产品的地区，除了金银之外，却不需要欧洲的任何东西。

印度在棉纺织品生产中拥有传统的优势。印度人独特的技术使他们生产的棉布成为古埃及、巴比伦、波斯、希腊、罗马、日本、中国以及中世纪的阿拉伯世界的生活必需品。[24]使印度棉布格外鲜艳华丽的图案设计技术和传统，是由行会保存下来的，并代代相传。

欧洲地中海地区曾仿造过印度棉布。14世纪，原棉经威尼斯运到佛兰德。[25]安特卫普成为一个小小的棉纺织中心。1585年安特卫普被占领之后，一些工人移居英格兰，并在那里开始生产棉织品。

62 但是，正如我们从小听说过的一些传说那样离奇，东印度公司在17世纪进口印度的棉织品，竟形成了一种力量，先后改造了西方和东方。英国的毛纺织业强烈反对扩大销售这些进口货。1678年禁止进口法国的丝绸和亚麻织物，使印度棉织品的销路扩大了。英国人喜欢棉布而不喜欢毛织品，这种时尚蔓延到整个欧洲大陆。东印度公司因而不仅获得进口的权力，而且得到再出口的权力。

17世纪最后的20年，英国的棉织品进口急剧增加。这引发了一场激烈的辩论，并导致后来自由贸易和保护主义两种学说的冲突。毛和丝织品制造商以及他们的支持者认为，进口印度的棉织品造成了失业，并使王国的金银外流。[26]东印度公司和它的支持者们不得不提出更巧妙的理由加以反驳，其中有两个观点与重商主义学说相符而具有起码的说服力，就是说：在英国加工印染印度的坯布，提供了就业机会；把印度的纺织品再出口是有利可图的，有助于保持对外收支平衡。1700年的法规因而只禁止在英国销售印度的印染棉织品。

这场辩论因为重商主义世界公认为合理的利益均衡的观点而暂时平息，没有与自由贸易的观点发生直接冲突。但是，这场辩论引起了对自由贸易的一般原理作出一种精辟的论述。当时出版了一本题为《关于东印度贸易的考虑》的小册子。小册子的作者提出而且超越了亚当·斯密关于专业化与扩大市场的关系的论述，认为进口印度的产品会引起促使资本密集和成本降低的种种发明和革新：

> 东印度贸易不是不可能给我们英国的制造业引进更多的 63
> 工艺家，使制造业更制度化、规范化，而且一定会取消那些毫无用处和无利可图的工厂。受雇于这些工厂的人会到其他工厂去，最简单易行的办法是到产品种类较多的别的工厂的某

> 个部门去……东印度贸易所得到的货物，同在英国制造同样的货物相比，所需的劳动力少，而且劳动力价格便宜；因此，这很有可能成为一种动力，促进发明新工艺，碾磨机和动力机械，以减少其他制造业的手工劳动……因而有可能降低制成品的价格。[27]

但是，这种经济政治家的远见卓识当时并没有得到重视。东印度公司和那些加工并出售其产品的人进行了紧张的议院游说活动（可能还有一些贿赂），才使1700年法规中纯粹保护主义的限制得到放宽。

1700年法规在文字上的漏洞和违反法规的行为，使毛纺织业和丝绸业在18世纪头20年受到很大的压力。英国的棉布印染业靠进口印度坯布得到发展。荷兰向英国走私出口印度棉织品，加上印度再出口从英国进口的棉织品，所有这些与英国的纺织业展开了竞争。这期间，英国人决意学习生产棉布——不是用亚麻作经、棉纱作纬的粗布——的技术。按英国工匠的手艺，棉经太不结实了。他们着手用机器来解决这个问题，经过持续的奋斗而终于取得了成功。

就在他们快要取得成功之前，对处境不满的毛纺织业和丝绸业的厂主和工人，经过长期的斗争，终于说服议会通过了1720年法规。这项法规规定，从1722年12月25日起，禁止在大不列颠使用和穿着用外国的“印花、彩色、着色、染色的棉布”制作的任何
64 衣服、装饰品、床单和垫子等。但是，这个法规也有漏洞。粗平纹布不包括在内，还有棉麻混纺的粗斜纹布和纯蓝棉布也不包括在内。当诺里奇的毛织业者要求把国内生产的粗斜纹布也列为非法

时，这新兴的工业则促使议会于 1735 年明确规定，把对在英国生产的印花棉麻混纺制品的限制从 1720 年法规中取消了。棉麻粗斜纹布的制造者坚持不懈，终于生产出了纯棉纺织品。

这样一来，正是英国的毛纺织业和廉价而技术娴熟的印度劳力，共同逼迫英国棉纺织业加快革新的步伐。那些进行议院游说反对进口印度棉织品而且达到了目的的人们，实际上促成了以国货取代进口货为根本目的的第一次起飞。这一过程为后人所效仿。

法国的情况与英国有些相似，但不完全一样。大约在 1670 年，法国出现了印度印花布热，印染进口坯布的工业随即兴起。[28]法国市场并不仅仅是奢侈品的市场：事实表明，17 世纪末期和 18 世纪，棉布畅销。

和英国的情况一样，进口的印度印花布等纺织品蜂拥进入法国纺织品——毛织品、亚麻织物和丝绸——在国内外的市场。和英国的情况一样，法国当局也遇到了棘手的问题，因为强大的法国东印度公司在迅速发展的进口贸易中拥有极大的既得利益。法国政府比英国议会行动更为迅速果断。1686 年 10 月 26 日，它禁止进口印度印花棉布以及在法国加工印染棉坯布。这项彻底的法令的颁布要比英国议会 1700 年采取的行动早 14 年。这可能是由于在 1686
年以前，法国从事出售和印染印度纺织品的人数还没有达到英国同 65
行那么有影响的规模。在英国，这些人与东印度公司一起坚持反对保护主义的法规，直到 1700 年。而且，法国从事棉布印染业的多是胡格诺派教徒。1685 年，《南特敕令》已撤销。巴黎的棉布印染业者的政治势力还是比伦敦的同行小一些。1686 年的法令更迫使许多胡格诺派教徒离开法国，前往荷兰、德国和英国。

然而，1686 年法令颁布之后，事情并没有就此完结。法国东印度公司据理力争。它以保持收支平衡为理由，在 1687 年获准进口白棉布，在法国印染，然后再出口，为期两年。在这期间，走私猖獗，禁止棉布进入国内市场的法规无法实施。1689 年，印染商接到销毁印花模板的命令，但他们没有照办，却开始印染亚麻和大麻织品。但这也被禁止。在 17 世纪 90 年代，政府曾犹豫不决。1700 年，政府颁布了一项法令实际上禁止拥有和使用棉布。所有禁止的纺织品一经查出，全部焚毁。东印度公司只限于从事棉布的再出口。

强行实施这项政策效果极差，而且带来了破坏作用，有时甚至会造成流血事件。赫克歇尔写道：“在瓦朗斯，一次就有 77 人被判处绞刑，58 人被判车裂，631 人被送到船上做苦役，一人被释放，没有一个人被赦免。”[29]最普通的惩罚是烧毁违禁品和严厉的罚款。然而，走私和印染活动都没有停止。由于海外有胡格诺派印染者的活动，法国工业受到相当大的挫折。

前面提到过，英国议会在 1722 年也禁止使用印花棉布。但打
66 击违禁活动的行动迟缓，实施法令又很宽松。此外，对棉麻混纺布的政策也出现了严重的分歧。与欧洲其他国家一样，法国人也不能生产纯棉布，但是，他们用棉花或者用亚麻和蚕丝生产出自己的英国式棉麻粗布。他们的印染还逼真地模仿棉布。1701—1702 年法国颁布了一些法令禁止这种布的生产，理由是继续生产和出售这种产品，会使法国人长久保持对印花棉布的喜好。英国人没有采纳这种精彩的逻辑。他们认为，生产棉麻粗布提供的就业机

会和生产毛纺织品提供的就业机会同样重要，虽然需要进口一些棉花。1735年，尽管要求禁止生产棉麻粗布的压力很大，既成事实的合法性正式得到确认，允许生产和印染棉麻粗布。于是这一门重要的工业在英国成长起来了，一种强大的刺激力也随之形成，鼓励人们去发明能够织出真正纯棉布的机器。这样，到1759年，法国在纺织业方面远远落后于英国，不得不重新准许棉布进口。

普鲁士和西班牙也制定过法令，反对进口印度纺织品，而荷兰（曾短期禁止过）和瑞士没有采取这种行动。这两个国家都有过大量和兴旺的非法出口贸易。而且在法国颁布1685年和1686年禁令之后，许多印染业者离开法国来到这两个国家，这种贸易就更为强盛了。这些人继续非法向法国市场提供印花布。1759年，法国取消禁令，他们很快就回到法国。

九

为了对重商主义时期的土地和农业政策作简要的考察，需要首先扼要概述现有的人口资料。

表2　1700—1800年部分国家人口估计数 68

（单位：千）

国家	1700年	1750年	增长%	1800年	增长%	备注
法国[1]	19250	21750（1755年）	13.0	27500	26.4	
俄国[4]	13000（1722年）	19000（1762年）	—	29000（1796年）	52.6	1796年的数字不包括被叶卡特林娜二世吞并的那些地区的人口。

续表

意大利[2] 1910 年的疆域	11500	13150	14.3	16900	28.5	哈巴库克[3] 提供的意大利人口数是:15484(1750年),18091(1800 年)。他的数字引自 K. J. 贝洛希:《意大利人口史》第 3 卷(柏林,1961 年)第 354 页。
波兰[3]	—	11000/11500(1764 年)	—	—	—	
西班牙[2]	7250	8600	18.6	10480	21.9	哈巴库克[3] 提供的西班牙人口数是:9308(1768年),10410(1787 年)。维森斯·维韦斯说,1808 年是 12000,19 世纪初的西班牙人口数比从 1797 年不全面的人口调查中得出的数字更有代表性。
英格兰和威尔士[5]	5826	6140	5.4	9156	49.1	
爱尔兰[5]	2540	3125	23.0	5126	66.9	
苏格兰[5]	1040	1250	20.0	1599	27.9	
联合王国[5]	9406	10515	11.8	15972	51.9	
普鲁士[2]	1790	2260	26.3	3180	40.7	1688 年的范围。
普鲁士[2]	5100	6420	25.9	8800	37.1	1846 年的疆域。哈巴库克[3] 提供的数字是:3617(1763 年),5015(1780 年),5844(1793年),包括 1722 年得到的那部分地区。
第一德意志帝国的非普鲁士人国家[2]	5800	7050	21.6	9320	32.2	
比利时[2]	1610	2150	33.5	2960	37.7	
荷兰[2]	1100	1460	32.7	1795	22.9	

续表

葡萄牙[2]	1739	2662	53.1	3420	28.5	哈巴库克[3]提供的1732年数字是比较牢靠的(2100),但1800年的数字就太低了(2900)。
瑞典[2]	1640	1790	9.1	2340	30.1	哈巴库克[3]提供了一个比较有把握的数字:2021(1775年)。
丹麦	665[2]	806[3]	21.2	926[3]	14.9	
挪威	587[2]	591[3]	—	883[3]	49.4	
芬兰	—	422[3]	—	833[3]	97.4	
匈牙利(中部)[6]	1718[3] (1720年)	—	—	6468[3] (1787年)	—	
美国[7]	250	1260	404.0	5297	320.3	
中国[8]	150000 (1700年)	225000	50.0	313000 (1794年)	39.0	
日本[9]	25000	26922 (1732年) 25918 (1750年)	7.7 3.7	25471 (1798年)	−1.7	
印度	—	130000[10]	—	—	—	

注解:

1. 资料来源:J. C. 图坦:《从1700至1759年法国的人口》,《实用经济学学院笔记》增刊第133期(巴黎:1963年1月),第16、22页。哈巴库克(见注解3)从有关材料中摘引了法国的人口数:2200万(1752—1763年),2400万(大约是1770年),2690万(1801年)。

2. 资料来源:W. 鲍登、M. 卡波维奇和A. P. 厄谢尔:《1750年以来的欧洲经济史》(纽约:美国图书公司,1937年),第20页。他们的材料引自K. F. W. 迪特里奇:《论17世纪中叶或末叶欧洲人口的增长》(1850年5月16日在柏林科学院宣读的论文,原刊登于科学院文集,柏林,1850年),第73—115页,并作了一些更改。

3. 资料来源:H. J. 哈巴库克:《附录:18世纪欧洲和北美洲人口的增长估计数》。见《美国和法国的革命》(剑桥:剑桥大学出版社,1965年),见《新剑桥现代史》第8卷,第714—715页。

4. 资料来源:《官方人口统计资料(修订)》:彼得·I. 莱斯申科:《1917年革命前的俄国国民经济史》,L. M. 赫尔曼翻译(纽约:麦克米伦出版社,1949年)第273页。

5. 资料来源：菲利斯·迪恩和 W. A. 科尔：《1688—1959 年英国的经济增长》，第 2 版（剑桥：剑桥大学出版社）在第 6 页上标明了材料的出处。

6. 关于匈牙利的人口数，哈巴库克[3] 指出（第 715 页）：“匈牙利，引自 G. 特林著《约瑟夫·科拉曼二世时期的匈牙利》（布达佩斯，1938 年）第 36 页；匈牙利的全部人口，即包括特兰西瓦尼亚、克罗地亚和军事区，1787 年是 951.6 万（出处同上，第 34 页）。1720 年全国人口估计是 258.2 万，但是，S. 萨博（见匈牙利民族，布达佩斯，1944）认为，300 万—350 万可能比较确切。”

7. 资料来源：埃瓦茨·B. 格林和弗吉尼亚·D. 哈林顿：《1790 年联邦人口普查前的美国人口》（纽约：哥伦比亚大学出版社，1932 年）第 4、5 页（1700 年和 1750 年）；美国商务部的 1800 年人口普查，见《美国历史统计资料》（首都华盛顿：政府印刷所，1960 年）第 7 页。

72 8. 资料来源：何炳棣：《1368—1953 年的中国人口研究》（马萨诸塞州，剑桥：哈佛大学出版社，1959 年）第 264、266、268—270 页。1750 年的 22500 万的估计数引自德怀特·H. 珀金斯：《1368—1968 年中国的农业发展》（芝加哥：奥尔迪恩出版公司，1969 年）第 216 页上的估计数。珀金斯对各个时期的中国人口有一个比较精确的数字（第 16 页和第 216 页）：1600 年是 12000 万至 20000 万；1650 年是 10000 万至 15000 万；1750 年，20000 万至 25000 万；1770 年，27000 万（±25）；1850 年，41000 万（±25）。他指出（第 216 页）：“这些数字只是指出了一个范围，其中可能有 80％的数字是准确的。”

9. 资料来源：艾琳·B. 托伊伯：《日本的人口》（普林斯顿：普林斯顿大学出版社，1958 年）第 22 页。这些数字只是“平民”的人口数，不包括上层和最下层的人。见正文第 79—80 页，包括不同意托伊伯的估计的修正意见。

10. 资料来源：R. 米克杰：《1600—1800 年的印度经济史》（阿拉哈巴德：基泰伯·马哈尔出版社，1967 年）第 19 页。对印度在 1605 年阿克巴去世时的人口，莫兰的著名的估计数是 10000 万左右，与此相对照的是，普兰·内斯仔细推算出，公元前 300 年大约是 10000 万至 15000 万。对印度在人口普查前的人口的推测，金斯利·戴维斯在《印度和巴基斯坦的人口》（普林斯顿：普林斯顿大学出版社，1951 年）第 26 页中写道：“最好的办法似乎是修改莫兰的数字，把 1600 年的数字提高到 12500 万，并假设，这个数字一直保持了一个半世纪多。在这之后，人口开始增长，临近 1870 年时增长加快。”运用由 J. M. 达特在《对莫兰的印度在阿克巴去世时人口估计的重新核实》〔《印度人口公报》第 1 卷（1960 年）〕一文中形成的基本分析方法，J. D. 杜兰德在《现代世界人口的发展》〔见美国哲学学会记录汇编，第 3 卷，第 3 册（1967 年 6 月）第 148—149 页〕一文中勾画了一幅有些不同的 1870 年前印度人口图表。杜兰德估计，1750 年和 1800 年，大约在 16000 万至 21400 万，在 17 世纪和 18 世纪头 25 年，人口一直在增长。然后，由于阿富汗入侵印度、同英国的战争以及 1771 年孟加拉的饥荒和其他灾害，有半个世纪人口没有增长。在 1781 年人口普查之前，正如戴维斯所设想的那样，人口一直在增长。

人口变动与农业在几个重要方面相互交织，紧密相连。在一 67
定的时间和一定的地方，人口增长给粮食供应带来压力，并导致改变农业政策。18 世纪的西班牙就是这样的例子。在另外一些情况下，有可开垦的荒地，这就会引起移民；由于政策的鼓励或其他原因，这反过来又会促使人口增长。普鲁士、俄国和北美洲殖民地就是例子。至少有一种情况，如法国，没有长子继承权的土地所有制在农业区域自动限制了人口。

表 3　1701—1800 年英格兰和威尔士各地区平均人口出生率和死亡率(‰)

	出生率			死亡率		
	1701—1750 年	1751—1780 年	1781—1800 年	1701—1750 年	1751—1780 年	1781—1800 年
西北地区	33.6	39.6	39.8	28.0	26.7	27.0
北部地区	32.6	35.1	35.1	28.5	26.8	25.3
西北部和北部地区	33.1	37.3	37.6	28.2	26.7	26.2
伦敦地区	38.0	38.5	37.9	48.8	43.3	35.1
南部地区	32.8	36.6	37.1	30.6	29.0	26.0
伦敦和南部地区	34.5	37.2	37.4	36.4	33.6	29.1
英格兰和威尔士	33.8	37.2	37.5	32.8	30.4	27.7

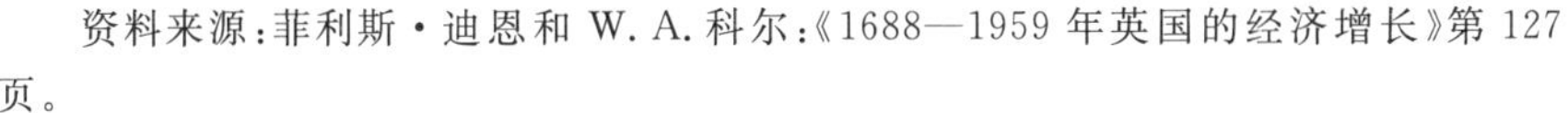
资料来源：菲利斯·迪恩和 W. A. 科尔：《1688—1959 年英国的经济增长》第 127 页。

表 2 列出的 18 世纪人口数字，正如在注解中指出的，是很难加以确定的。中国和日本的资料也列了进去，这样可以扩大对那个时候人口动态的视野。而且 18 世纪中国比较繁荣，同一时期的日本相对地脱离世界经济，这些对于欧洲，在不同的方面都有一定的意义。在 17 世纪或更早的时期，一般只能运用比这更为粗略的

估计，如果确有这种估计的话。但是，我们有理由相信，表 2 列出的人口趋势反映出有一些情况是从先前的下降转为回升的。17 世纪西班牙的经济衰退使它的人口降低了 25%，即从 1600 年的近 1000 万下降到 1700 年的 725 万。30 年战争使中欧的人口数下降，直至 1648 年。英国内战死伤人数非常多，包括死于爱尔兰和苏格兰的。饥荒、瘟疫和连续的战争抑制了 17 世纪后期和 18 世纪初期法国人口的增长。在 1650 年至 1600 年间，丹麦的人口下降了 1/5。同样，北方战争使瑞典和俄国在 18 世纪头 25 年的人口增长速度减缓了。然后，在不同的时期，即从 17 世纪中期 30 年战争结束到 18 世纪 20 年代法国、瑞典和俄国之间紧张关系趋于缓和的这段时间，欧洲各国的人口摆脱了不正常的抑制而开始增长。欧洲人口，包括俄国人口在内，在 1750 年约有 17000 万；1800 年有 21000 万。这种情况表现为出生率上升，死亡率下降，
73 这是经过人口危机之后，工业化前社会的典型动态。在人口危机期间，这两个比率也是相反运动，只是方向不同。英格兰和威尔士的情况说明了这一点。这两个地区的人口估计数虽然显得粗略，但意味深长。1751—1780 年期间与 18 世纪前期相比，人口增长了，这似乎是出生率上升和死亡率下降的结果。随后 20 年的人口增长，却主要是死亡率下降的结果（见表 3）。[30]

在欧洲大陆，18 世纪人口普遍增长，只有荷兰、丹麦和葡萄牙少数国家例外。这一世纪的后期，人口增长更快。这种变动似乎同从先前的抑制转为回升有关，也与人口和农业产量提高的机会保持平衡有关。例如，俄国、芬兰和普鲁士的部分地区，因为有荒地可开垦，便形成早婚，而且能养活增加的人口。在爱尔兰，土豆

的引进和对英格兰农产品出口的增加，也起到了同样的作用。

这一点从以下的现象得到进一步的证实。有些地区农业发展受到限制，人口增长率也就比较低，例如，西班牙的埃什特雷马杜拉、托斯卡纳和波河流域的情况就是如此。18 世纪末期，法国控制生育也是这个原则起作用。那时，没有长子继承权，也没有很多可耕的土地，农民就设法保持家庭土地的规模。不过当时出生率的下降，在 18 世纪没有影响，到 19 世纪才产生影响。

还有一个令人迷惑不解的问题。18 世纪后半期，欧洲人口增长了。这是不是完全属于传统社会人口动态的产物，即对先前的人口危机的结束，以及对有些地区耕地面积的扩大所作出的反应？这是不是也受到当时正在发生的现代化进程的影响？这个问题与另一个问题有关，即死亡率下降和出生率上升，哪一个因素是人口真正增长的主要原因？这些问题很复杂，因为各地区人口情况极不相同。在大城市非常容易发生传染病并迅速蔓延，因而死亡率异常之高（例如伦敦，见表 3）；种植多种作物的农业区比种植单一谷物的地区更有能力度过歉收的灾荒；海港和还没有排水的沼泽地易受灾害，较难避免肺结核、伤寒和疟疾的发生。武断是不适宜的。因为缺少出生率和死亡率可靠的全面资料，以地方的记载为依据的微型研究只是近年来才开始。所有对 18 世纪欧洲人口动态的认真分析，都得出还需要进一步研究的结论。

在这方面，18 世纪后半期欧洲最可靠的事实，就是农业长期歉收和传染病危害造成人口危机的现象已逐渐减少，到 19 世纪就几乎完全消失了。关于前者，国内运输条件的改进，国内和国际粮食贸易的发展，肯定都起了作用。此外，在某些地区，引种土

豆——它的产量通常要比小麦稳定——和农业的其他改进所起的
76 作用，本章将另作论述。至少有这样的可能性，肥皂、易洗的棉织品的流行以及水的洁净度的改善，降低了传染疾病的危险。还有一种可能性，那就是抵抗某些传染病的能力逐渐增强。另一方面，麦基翁和布朗搜集到现有的证据却侧重说明，18 世纪医学和医疗技术上的重大革新并没有使死亡率显著下降，只有一项例外。由于没有麻醉剂和抗生素，外科技术的提高并没有降低死亡率；接生技术的改进，医院和药房的扩充，并没有减少疾病传染；汞、洋地黄制剂和金鸡纳霜的广泛使用，对于显著降低死亡率也没有多大作用。尽管证据不够有力，但天花的预防接种对降低死亡率可能产生过一些不大的影响。很明显，只有在 19 世纪广泛接种牛痘疫苗，医学才对降低天花造成的死亡率作出了卓著的贡献。

迅速发展的工业化本身对人口的影响，是研究 19 世纪的一个主要课题。在 18 世纪，一般说来，都市化似乎造成了异常高的死亡率。举例来说，虽然死亡率已从 18 世纪初期的最高点降了下来，但伦敦的人口增长则主要是靠大量的移民来实现的。形成这种情况的部分原因是由于粮食富余了，粮食多了，就容易产生饮酒狂。有关英格兰西北部以纺织业为主的工业区的材料表明，当地人口的增加主要靠自然增长，那里的出生率高于而死亡率则低于全国平均水平。但是，纺织业在 18 世纪的大部分时间主要是分散在农村里。要精确探寻这一世纪最后 20 年死亡率和出生率的变
77 化过程，资料还不十分精确，而这 20 年，都市化发展迅速。英国在战争年代（1793—1815 年）的人口动态仍然模糊不清。很可能有这种情况，到工厂工作的机会增多了，于是妇女结婚的年龄提前

了，生育期延长了，出生率提高了。这还有待于证实。

总的来说，我们的结论是，18世纪欧洲的人口经过了前一时期的危机之后明显回升。由于实行了鼓励开垦荒地的政策（尤其是在俄国和普鲁士），改善了运输条件，扩大了粮食贸易，也由于引种了土豆和在农业上进行了其他改进，人口回升得以巩固，并延长了持续的时间。饥荒和传染病减少了，这是欧洲生活的一个特点。英国在18世纪初有剩余农产品出口，粮食价格低。这两个条件很可能是造成后来人口增长的特殊动力。这与农业还有开发余地的欧洲其他国家的情况是一致的。[31]由于英国的出口能力足以资助它的粮食进口，从18世纪50年代开始，遇到歉收，就需要进口粮食。

在18世纪，后来造成美国的那些殖民地人口的增长，当然有其独特性。它达到并保持了每年增长大约3%的水平，接近当代发展中国家的最高水平。自然条件的作用显而易见。土地充裕，种植农作物不仅为了自给，也为了交易，又是处于人口密度低、传染病发生机会减少的环境，这就可以引起早婚，大家庭得以存在。非白人（主要是奴隶）的人口在这世纪由占总人口的1/7上升为1/5。

中国的状况与欧洲有些相似。中国和欧洲18世纪的人口增长都表明先前的流血冲突缓和了。中国的人口增长趋势出现于 78
1368年，即明朝建立的时候。但是，17世纪前期，明朝与清兵发生战争，人口增长趋势中断。后来清朝取代了明朝。在这场战争中，张献忠和他的军队“……要屠戮四川和邻近地区的人，而且几乎接近成功”。[32]毫无疑问，中国人口明显下降，是这场战争直接或间接造成的后果。清朝第一代皇帝于1644年登基，但是，直到1659年，整个大陆还不十分稳定。它还需要对付各地的叛乱，直到1683年统一台湾。在这一世纪的后期，人口增长可能很缓慢。1700年的人口(约15000万)可能接近于一个世纪以前的数字。[33]

18世纪是中国“几乎前所未有的和平繁荣”时期，[34]这个事实真实地反映在人口估计数上。地方志提供了许多有关18世纪中国农村繁荣的证据，当时许多人慨叹城市中“浪费奢侈的生活”。[35]粮食产量增加了，部分原因是从美洲引进了玉米和白薯，干旱的山区和丘陵可以开垦种植。人口迁移到中国的北部和东南部。十室九空的四川也有人去安家落户。

按何炳棣的判断，1750年至1775年间，中国的人口达到了最优的水平，因为它有广阔肥沃的土地，又掌握现成的技术。[36]然而，与英国一样，中国在18世纪后期也有粮价上涨的迹象，越来越担心人口增长会影响生活水平。洪亮吉(1746—1809年)在1793年
79 发表了一些文章，论述生存手段的增多与人口的增长比例失调的问题。这要比马尔萨斯《人口论》第一版早五年。

这一时期日本的人口演变——其实是德川时代后期经济发展的全过程——修正论者正在积极地加以研究。[37]旧的观点断定，中国在18世纪后期开始感受到的那种压力，曾造成日本在1750—1800年间的人口绝对下降，而不只是减缓增长速度。[38]17世纪，德川幕府的统治得到巩固，1688年以前，除了有限的接触之外断绝了与外国的一切来往。这就使日本出现了内部安宁、人口增多的时期。耕地从16世纪末期的370万英亩增加到1716—1736年间的7500万英亩。在16世纪最后25年，人口约1800万，到了1732

年，平民就有 2690 万，达到 18 世纪的最高水平。人口普查数不包括皇室成员、贵族、行政官员、军人以及他们的雇用和家属，也不包括乞丐、游民、娼妓等。关于这些被除外的人数，意见各异，估计为 150 万至 400 万。

因此，在美国海军准将柏利来到日本之前的 125 年，日本的人口是在一个比较稳定的水平上浮动，1804 年之前，稍有下降，1804—1852 年间略有增加(6％)。马尔萨斯所提到的这种平衡，是靠各种压力的综合作用来维持的。这些压力(例如，某些地区粮食歉收和遭受其他自然灾害)造成了死亡率上升，并促使人们以节制生育、流产和杀婴来控制家庭的规模。关于日本城市和农业地区人口的资料表明，处于边缘地区的人群对于自然灾害非常敏感。例如，1783—1787 年的粮食歉收，在一些地区直接造成严重后果，80
而在另外一些地区也有比较轻而广泛的影响(因为其中有些是粮食多余地区)，使日本的人口统计数字在 1780 年到 1792 年期间下降了大约 100 万，直至 1828 年才恢复到 1780 年的水平。[39]

修正论者对官方人口统计资料的可靠性提出疑问，认为，德川时代后期的饥荒被夸大了。他们心目中的日本，不是一个僵化的、在明治维新之前一直受马尔萨斯所说的种种限制约束的封建社会。他们根据日本各藩为征税而编制的人口统计，认为直到 19 世纪，每年人口增长率约 0.5％，与工业化之前的欧洲相似。他们把这种现象同商业的发展、都市化的发展、手工业的扩大、实际工资的增长联系起来。简而言之，德川时代后期被他们描绘成为经济起飞积极创造条件的时期，明治维新(1868—1885 年)的第一阶段是这一时期的生气蓬勃的延续，而不是一次受到严厉压制的革命变革。

对于德川时代后期日本的评价,有不同的观点。由于我们目的有限,不必去评判哪一种观点是古典式的,哪一种观点是属于修正论者的。这两种观点所描绘的当时景象都是与工业化前社会的动态相符的。修正论者并不认为,德川时代后期的日本出现过现代的工业革命。他们只是断定,随着人口的增加,农业、商业和手工业就蓬勃发展起来。这种现象,在18世纪的大部分时间(日本德川时代早期),成为欧洲和中国的特征,一直持续到19世纪,而且没有遇到过马尔萨斯所说的那些限制。

一般而论,18世纪人口的变动受到了历史上有记载的历来发
81 生作用的那些因素的制约:战争与和平,天气反常,可耕地多少。国内和国际贸易的扩大提高了上限,一些新的农作物的推广也是如此。明显的事例有,爱尔兰推广土豆,中国推广白薯和玉米。但是,除了接种疫苗可能对预防天花发生过有限影响之外,现代科学和技术,根据现有的证据来看,没有发挥过重要的作用。另一方面,在保持马尔萨斯所说的平衡中起作用的那些传统力量却在发号施令:18世纪将是人口增长时期,人口增长将使各种社会受到压力。这种压力反过来将加快或者抑制人口增长的进程,这取决于资源和人的才智如何对待这一挑战。

在试图概括这一章所研究的这一时期欧洲的农业政策时,我想起了斯蒂芬·波特(Stephen Potter)的一个巧妙手法。他提出,在鸡尾酒会上要打断某人冗长的演说,有效的办法就是说:“但是,南方可不是这样”。时至今日,经济史学家们仍采用这类绝招来对待有关农业问题的许多争论。重商主义时期政治家所继承的欧洲

农业结构，具有其基本的事实，就是它无论在民族国家内部，还是在各国之间，都是不相同的。造成这些差别的根源在于地理条件和先前几个世纪的历史。除了少数明显的例外，政府的政策只能使这些差别发生小小的变化。

有两个中心问题影响公共政策的有效程度。赫伯特·希顿简明地指出了这两个问题：“农民与地主间的关系如何？谁是企业家？”[40]答案显然是紧密关联的。

众所周知，到16世纪末，英国的耕地主要是属于拥有大地产 82
的乡村绅士（也有一些贵族）和地产比较少的自耕农。[41]土地由佃户耕种，他们有在公地上，甚至在林地上放牧的传统权利。他们中的有些人享有实际上等于所有权的副本土地保有权（有国有领地法院案卷副本为证）。伦敦极其迅速的发展，毛纺织业的扩大，有助于使这种制度适应市场的变化。17世纪，相对价格的变动使养牛业具有更大的吸引力。拥有土地就享有社会威望，这就使城市中那些成功的工商业者成为新的地主。工商业同农业有着很微妙的、互相渗透的亲缘关系。结果，同欧洲大陆绝大多数地区相比，英国农业表现出更旺盛的企业家精神，具有更强大的赚钱、革新的动力。它的革新先是以向荷兰和法国学习为基础，后来建立在自己的研究、发明和实验活动上。虽然英国农业的急剧变化发生在18世纪后期价格日趋上涨的时候，但是，推动革新的动力则出现于17世纪末价格较低的时期，可能还要早一些。

当然，有一些在外地居住的地主们，他们很少花时间去关心他们的土地。佃户和那些不愿承担试种新品种的人和那些担心采用新方法可能遇到风险的人通常都抵制改革，尤其是在他们的传统

权利和特权受到损害的时候。但是，从 17 世纪起，英国政府的政策对农业采取边际管理的办法，充分发挥它本身的能动性，因而在 1700—1767 年期间（只有四年例外），尽管城市人口迅速增加，小麦每年都有出口。

83 政府的管理首先是支持圈地运动，把土地用于更能赢利的方面，并且缓和由此而造成的严重后果。1727—1760 年，根据议会的法令，74518 英亩的公共牧场和荒地被圈，此外，还有一些土地是根据共同协议而圈的。1761—1792 年，当小麦价格出现上涨的趋势、英国逐步陷入缺粮困境时，又有 478259 英亩土地被圈。

另外，政府采取措施，减轻受收成和价格变化影响的农民和消费者的困难。17 世纪后期，农产品价格日趋下降时，通过了一系列的谷物法。出口受到鼓励，但歉收年份除外。对进口小麦的课税采用浮动的办法，国内价格低时，关税就高，国内价格高时，关税就低。这项制度以各种形式一直实行到 1846 年谷物法废除。

法国的农业情况有些不同。有的地区农业商品化的程度很高，例如，向巴黎市场提供商品的地区和种植葡萄酿酒的地区。前面已指出，17 世纪的英国农民曾学习法国和荷兰最成熟的实践经验，但是，法国的整个土地所有制和租赁制对企业家精神和革新没有多大帮助。土地归王室、教会、贵族和富裕的市民所有。农民也拥有土地。虽然他们还承担一定的封建赋税，但可以把土地传给下一代或者出售。[42]另外，土地是由佃农、按收获分成交租的农民和没有土地的雇农耕种的。

在这样的结构中，法国的重商主义政策者重要解决的，是在粮食不足和发生饥荒时国家所面临的不可推脱的问题。当然，政策

的主要目标是粮食自给。但是，整个17世纪的粮食歉收，使某些
地区的居民遭受巨大苦难。柯尔柏和他的后任的对策是明确的： 84
从国内的余粮区向缺粮区调运粮食；增加粮食进口；制止和打击囤积者；采取特殊措施向穷人提供粮食。歉年遇到的困难促使柯尔柏实行消除国内贸易壁垒和改善国内交通的政策。粮食富余时，允许出口，甚至鼓励出口。另外，没有什么迹象表明，17世纪法国的重商主义曾试图引进新方法来提高粮食产量。它的主动行动只限于：制止在法国种植烟草，以保护西印度群岛的利益和放宽对烟草专卖的管理；鼓励种植大麻，以供应海军和商业；鼓励发展养马业，既可适应军事和农业的需要，也可节省外汇；鼓励生产奶酪和葡萄酒，以增加外汇收入；鼓励生产纺织业的原料，以扩大法国工业的国内原料基地。

18世纪出现了一种新的动向，法国农业开始出现一种已在工业中起作用的讲科学和求革新的倾向，因为它受到重农主义向重商主义挑战的激励，受到政府宣传的激励，也受到英国这个榜样的激励。英国的农学家阿瑟·扬(Arthur Young)于18世纪末在著作中肯定而且介绍了英国这个榜样。政府和一些大地主寄希望于新方法。从1750年起，巴黎改变了政策，开始鼓励取消公共牧场，允许分割公地，新开垦的荒地可以免税10年。这些措施大大提高了农业产量；一种可能夸大了的计算是：1701—1710年至1751—
1760年，年增长率为0.32%，在随后的20年里，上升到1.33%。[43] 85
这些措施也遇到农民的强烈反对，因为他们感到自己被排挤在一边，而且仍然苦于残余的封建义务和累退税税制的沉重负担。但是，与绅士占统治地位的英国农村相比，在法国，企业家的企业中

心比较少，人口压力也比较小，小农则更加根深蒂固。[44]也许，最主要的是法国城市化的程度低于英国。1800 年，伦敦的人口约有 90 万，是巴黎的两倍。两个国家都有大型的、组织良好的城市市场，它们对于附近农村的农业生产效率有强大的影响，但是推动作用显然是英国的大。

18 世纪，西班牙有五种主要的土地所有制形式：

- 王室地产，主要在山区和其他未开垦地区，好地已卖掉了；
- 教会直接占有的土地，加上由教会管辖的广大地区；
- 市政当局占有的土地，有一些供公众使用，另一些租给个人；
- 贵族占有和管理的土地；
- 小农业主占有的土地。1797 年，小农业主有 364000 人，占从事农业生产的劳动力的 22%。

市政当局显然是最大的土地所有者，其次是贵族和教会。[45]大
86 多数农民得向他们租地耕种。租赁制度各不相同，既有加泰罗尼亚的实际上的所有权，就像英国的副本土地保有权和法国的年贡那种办法，也有累进的转租制。这一切使加利西亚、阿斯图里亚斯和安达卢西亚的农民支付数额极高的多重租金。

在 18 世纪期间，西班牙的农业产量提高了。人口的增长和城市化的发展导致价格从 18 世纪 20 年代初期的低点缓慢上升，18 世纪 50 年代开始迅速上升。在这样的背景下，能使农业增产的新方法有了吸引力。西班牙效仿法国新的学说和制度，建立起以提高农业生产率为宗旨的团体和学会。政府终于在以下三个主要方面采取了措施：在农业区改进运输和灌溉条件；建立全国性的粮食自由市场（这项措施没有完全实施）；从18世纪50年代开始制定一系列措施来削弱牧场主公会的权力和势力，这样，粮食生产者和定居的养畜业者的地位加强了，而对放牧羊群的人不利，他们这些人从14世纪起在对外贸易和在卡斯提尔当地的经济政治生活中就有了巩固的重要地位。此外，政府对于同时出现的人口增加、农村的贫困和动乱，以及借讨论土地改革建议而散布的启蒙思想，都作出了反应。王室颁布了敕令，要开垦荒地给予较贫困的农民，但是，由于缺少资金，这种打算显然落空了。

18世纪普鲁士的农业政策受腓特烈大帝吸引移民以扩大本国人口这个目标的支配。到1786年，每五个居民中就有一个是外来的移民。[16]由于修建了大规模的排水设施，大量的荒地开垦出来了。腓特烈大帝亲自热情地推广农业新方法，以实行他为战争和满足迅速增加的人口的需要而储备粮食的政策。他尤为重视英国的方法。普鲁士国王拥有并且直接经营大量土地，他办企业的工作进展顺利。18世纪初，大约有1/4至1/3的普鲁士农民在王室的土地上耕作。腓特烈大帝的革新有：鼓励种植马铃薯、养马和养 87
牛；试种烟草；扩大奶牛场；增加纺织原料的生产。为了向这些革新工作提供资金，他直接动用了自己的财产，还建立了三个农业信贷银行。

普鲁士国内的租佃制度差异极大。在有的地区，既有大地产，也有农民仅能糊口的小块土地，这是土地占有的典型形式。腓特烈大帝的政策向两个不完全一致的方向前进：加强保障农民的租佃权，同时又合并小块土地。从根本上说，他与法国、西班牙和俄国同时期当政者一样，把土地占有问题留给他的后任去解决。

彼得时期以及在这之后的俄国农业的主要特点，是开垦荒地，尤其是开发现在位于俄国中南部比较安全的边境地区。随着耕地的增多，也出现了一些普鲁士式的革新，其中包括改良畜种，鼓励生产蚕丝、亚麻和大麻，用长柄大镰刀代替小镰刀。但是，荷兰、英国和法国的实践——农业革新的方式——未能有效地传播到东方。然而，俄国耕地面积的扩大促使它的人口在 18 世纪翻了一番，这个增长率超过了发展较早的北美洲殖民地。

十

显然，国家要维护它越来越大的权力，承担在其领域内越来越大的责任，同时还受到战争和战争可能性的困扰。随着这种情况
88 的出现，就产生了新的行政管理方式和筹集公共资金的新方法。这两方面的要求常常是密切相关的。

总的来说，新的行政管理是要摆脱中世纪的形式（由君主个人的臣仆进行管理），而向更为专业化和政府设立专职部门这个方向发展。这种政府部门使掌握在国家手中的国民收入比例不断提高，并且成效不同地扩大了中央政府的职能。

在这个方面，瑞典的例子很重要，因为它的行政制度与它一度成为主要的强国有关，而且成为其他国家学习的榜样。瑞典的行政制度改革开始于 17 世纪初期，到古斯塔夫·阿道夫去世之后的 1634 年才巩固下来。传统的隶属于国王的办事机构改为五个部门，分管国防、外交、财政、司法和王室文书事务。每个部门的负责人（他们同时也是上议员）参加国务会议。为表现他们的集体制度，直至今日，瑞典内阁成员的办公室都集中在中央官署，有少量的助手协助工作，他们分管的部门分设在首都其他地方。地方行政由任命的地方长官负责。

在瑞典，由于国王、上层贵族和议会低层人士的力量对比常发生变化，为王国政府筹措款项的问题就较为复杂。曾经形成国王与部分议员合作抑制贵族的局面。但在 1611 年古斯塔夫·阿道夫登基时，由于阿克塞尔·奥克森谢尔纳的才能和政治家风度，国王和贵族之间取得了平衡的关系。在这基础上，进行了广泛的改革，包括提高现金在财政收入中的比例。在军费支出加重财政负 89
担的情况下，1655 年以强迫收回暂时赐予贵族的某些王室地产的办法——所谓复原——扩大了国王的权力。在摄政时期（1660—1675 年），贵族们成功地维护了他们的反对国王的特权。但是，查理十一（1679—1697 年）使王室得以重新控制上层贵族的地产，还制定了可行的财政制度（包括创立一个国家银行）。这两项措施使国家能够维持一支常备军，还使瑞典摆脱了对法国财政补贴的依赖。北方战争引起的财政困难以及战争所造成的后果，导致政府转向限制国王的权力，同时出现了两个对立的政党——礼帽派和便帽派。它们各自的命运不仅依赖它们的外国支持者（法国、俄国支持礼帽派，英国支持便帽派），也取决于国内经济政策的发展。[47] 1772 年，建立议会和政党政府的运动遭到挫折，古斯塔夫斯三世就同礼帽派合作，再次以君主同议会下层人士合作为基础，重建了强大而非专制的统治。20 年后，这个阶段结束，再次进入反对王权的时期，因为连绵的军事斗争造成了财政困难。

瑞典的行政、军事、财政和宪政方面错综复杂的历史同 17 世

纪英国的情况极为相似。英国在1688年终于解决了宗教问题，而瑞典由于承认了路德教，早在16世纪20年代就已经完全解决了宗教问题。

与欧洲其他国家一样，在16世纪末，英国的财政是一种混合物，既有从地租和其他来源获得的王室私有收入，也有比较现代化
90 的税收。在伊丽莎白女王统治的最后25年里，税收增加了两倍，而王室的地产却出售完了，授予垄断特权的做法在国会遭到越来越强烈的反对。

在这窘迫的情况下，如果得不到国会的赞同，詹姆斯和查理一世很难行使他们的权力。在查理一世统治时期，尽管他加强了中央政权，但他不得不采取征税措施，因而遭到反对，并使他同为处理苏格兰叛乱而被迫召开的、敌对的国会发生冲突。于是内战和共和政体接着出现。在王政复辟时期，国会同过去相比，既慷慨，又不慷慨。它曾打算每年拨给查理二世120万英镑，支付他个人的开支和公共开支的大部分。结果，对准许给他的税额估计过高，而对关税收入却估计过低。在第二次荷兰战争时，查理二世逐渐深陷于债务之中，到1672年，他濒于破产。他的内弟路易十四提供的财政补助，弥补不了他的亏空。但是，随着战争在1674年结束和贸易的恢复，关税收入增加使他能够在财政上不依赖议会而独立行事。

詹姆斯二世在1685年的状况也是如此。那时，议会重新赋予他终身支配关税收入的权力，使他得以把常备军扩大了近三倍，这一行动使伦敦转而反对他。

1689年，在与威廉和玛丽谈判时，议会牢牢记住了伊丽莎白

统治末期因财政拮据而引发的所有事情，加紧控制开支，对军队直接加以限制，彻底断绝与天主教的关系和坚持《民权宣言》。

然而，这一制度之所以能够得到确认和巩固，是因为国王和议会能够在反对法国路易十四的长期斗争中，至少在初期团结一致。
抵抗法国称霸所造成的财政困难，需要采取特殊的财政措施来解 91
决，而这些措施只能由尊重国会的国王才能制定。1688—1691年，现代英国的预算统计开始出现，包括国民支出的第一次综合数字。[48]从1689年到1713年，除了仅仅五年的间歇之外，英国和法国一直在进行战争。在这种持久的压力之下，《土地税法》通过了。它以旧的税法为基础，在1692年重新规定每镑征收四先令。它提供了战争年代全部收入的大约40%。这一时期出现的事物还有：英格兰银行，它建于1692年，如果没有国会的同意，政府不能向它借款；高额保护关税，在战争年代，它的年收入增加了2/3。其余收入大部分是由名目繁多的货物税提供的。在战争年代，大约有1/3的开支靠借款。

18世纪出现的政治制度，是在立宪革命和长期战争的压力这两个因素的共同作用下形成的，具有以下几个特点：

- 国王保有选择和解除他（她）的大臣（或在大臣之外征求建议）的权力，[49]虽然国王发动战争的权力在1701年受到国会的明确限制，但总的来说，他能行使行政权。
- 专职的内阁大臣人数增加，同时，出现了小型的核心内阁。
- 财政部开始行使全面监督政府开支的权力，并取得第一的地位。
- 在渥尔波执政的1721—1742年，首席财政大臣行使了近似于后来首相的权力，但是他的职责没有制度化。

92 · 要行使有效的行政权需要动员议会中的多数派。要做到这一点，与其说要依靠党的组织，倒不如说要依靠支持者的作用，因为党的组织太松散。

· 司法部门日益独立，不仅独立于行政部门，也独立于上议院。

· 地方行政由治安官员负责，他们不受中央政府的管辖。

这种松散的制度成功地经受住了18世纪的严峻考验，适应了才能不同的国王，在充分发挥个人主动性并给予每个人思想、宗教自由的基础上，完成了政府的主要任务。

正当英国同时实行政治权力分享和较为严格的财政制度的时候，法国却仍在强化君主专制的行政体系，在财政上也没有重大改革。

长期的战争使法国每年的支出增多，从1689年的13000万利弗尔上升到1711年的最高点26400万利弗尔。[50]这些数字如果按币值较低的利弗尔换算成英镑的话，前者相当于850万英镑，后者大约是1440万英镑。它们表明，法国的支出是英国的两倍，1711年要比英国的最高年份(1710年)多50%。

英国和法国战时财政的某些重要差别，反映了各自的政策和倾向。这种政策和倾向使力量对比在这一时期发生了明显的变化。第一，英国海军的费用一直保持高水平，而法国海军的费用则逐年相对减少。在整个战争时期，英国把全部支出的40%用于陆军，35%用于海军。在“九年战争”时期，法国把总支出的65%用于陆军，9%用于海军；在西班牙王位继承战中，57%用于陆军，7%

用于海军。[51]第二，虽然战争抑制了英国的经济的发展，使它未能 93
达到本应达到的水平，但是，经济衰退并没有影响货物税收入的增加，在 1689—1713 年期间，货物税收入大约翻了一番。法国货物税收入绝对地下降，这反映了那几年出现的发展不平衡但很严重的衰退。在战争末期，货物税收入只占法国全部收入的 5%，而英国大约占 1/3。英国的对外贸易一直保持在较高水平上，这就使关税收入大大多于法国。第三，法国不得不依赖借款，依赖程度远远超过英国。英国靠税收可以筹集所需费用的 2/3。因为要还债，有好几年两国的财政都非常困难，但法国的困难更大。第四，由于财政措施得当，包括建立英格兰银行和向荷兰借款，尽管这一时期仍很困难，英国的利率下降了。与此同时，法国为了在税收以外另辟财源，不得不付出越来越高的代价。

在 1660—1685 年期间，英国终于取消包税制，改为由财政部控制的比较合理的现代税收制度。法国的税收制度没有重大变化，只是在 1681 年建立了全面包税制（它集中征收货物税），并采取措施以防止作弊、出卖公职等行为，使已有的税收制度更有成效。战时的需求达到并超出了财政制度所能承受的极限。两种新税——1695 年设立的人头税和 1710 年开征的什一税——就是要使各阶层和集团的人，包括那些免交基本土地税和人头税的人，都作出一些贡献。这两种新税在不少方面都没有达到目的，但表明，人人都有纳税义务这个重要原则已被采纳。这个原则一直实行到
1714 年以后，1750 年演变为另一种战争税——二十分之一税，从 94
此沿用不变。在这种情况下，由于法国经济不景气进一步加剧，法国政府通过民间的中间人，到处寻求各种长期和短期贷款，还大肆

出售公职。

实现和平之后，法国制度上的弱点就突出了，例如没有中央银行。战争时期，这种银行曾为荷兰和英国尽了力。在1716—1720年，摄政王同意约翰·劳(John Law)为解决法国财政问题所采取的非常措施，把公债兑换成他的西印度公司的股票。这家公司在后一阶段由于垄断了对外贸易、收税和纸币发行权，地位更加牢固。但是，商业发展的长期现实的可能性满足不了短期的投机欲望，约翰·劳的计划失败了。他的失败对法国经济产生的社会和经济影响不尽相同；对海外的法国企业有相当长久的刺激作用，但是，直到拿破仑时代，对建立中央银行始终持怀疑态度。财政制度恢复了旧的格局。

在和平的环境中和在法国商业和生产发展的时期，这种税收制度从技术上说是可行的，而且像英国的渥尔波那样，弗勒里(在1726—1743年执政)曾有一段时间实行和平政策。从18世纪20年代起，法国生产和贸易的发展速度高于英国。但是，18世纪的法国未能避免战争，也许这是不可能避免的。由于按过分的高利率借债而累积的负担太重，也由于一些特殊利益集团顽固地抵制改革，尽管有一些著名的财政总监做过出色的努力，在1783年之后，财政制度还是崩溃了。

95 失败的原因，长期来一直反复争论不休。通过分析，看来这三点很重要。第一，在行政管理上，法国政府用过高的代价来征税和举债。依靠市政当局而不是依靠中央银行，依靠富有的税吏而不是依靠公务员，这就耗费极大。债务的年息达到了六厘。第二，在政治上，软弱而又是理论上的专制君主，有害而无益。他决定的捐税措施缺乏选举产生的国会所赞同的捐税的那种合法性。实际上，逃税却反而有一定的合法性。另外，由于存在以前延续下来的国王赐予的种种特权，君主政体改革税收制度的权力被削弱了。在18世纪的法国，由于当时政治力量对比的实际状况，无论在理论上还是在实践上，这些特权都难以废除。第三，从经济上说，法国与英国相比，按人口平均的对外贸易和国内贸易额较低，人均收入也低一些，这就使法国的关税和货物税收入相对减少（虽然绝对数在上升），比较起来更多地依赖土地税。[52]

法国的行政体制，包括这些财政体制方面的弱点，从较为广阔的方面反映出这个国家的主要难题。直到路易十四时期，国王曾有效地拥有全部实权，对政府负有完全的责任。但按1789年革命之前的旧制度，国王统治下的社会，实际上是一个权力分散、日益复杂的社会。因此，国王需要掌握可以完全实现自己意志的权力，否则就需要有某些制度，以便同贵族、市镇、教会和有特权的省区共同承担权力和责任。君主专制政体的本质排除了后一种需要。所以，很自然地需要建立一个能够对全国实行尽可能细致的行政管理的中央官僚机构，来解决这个难题。这就是17世纪走过的 96
道路。

这种制度的核心在于把全国分成大约30个地区，由行政长官管理。边境省份除外，因为这些地区实行军事管辖。地区行政长官的职责包括财政事务，而且统管各项政策。有一些行政长官在相当大的程度上扩大并保持对巴黎的独立性，特别是出身于贵族家庭而与当地有长期密切关系的那些人。地方行政长官所在的地方，地方利益根深蒂固。它要么根源于传统，要么建立在地方实力的现实上，而且得到下级官员的支持。在这样的环境里，地方行政长官必须依据地方利益作出执行还是不执行上级命令的决定。上面是一个政务委员会，下面是逐渐带有现代特征的政府的部。各地行政长官与这些部之间永无休止地下达指示，递送报告，有时双方还发生争执。

与欧洲其他国家一样，这些委员会是由国王的顾问演变而成的。最重要的部门历来有四个：国务委员会，主管外交；公文委员会，主管内政；枢密委员会，主管司法；财政委员会，通常由财政总监主管，他像英国的财政大臣那样，权力越来越大。

这个政府体制的详尽的行政史，同其他政府一样，是复杂的，一直充满临时的调整和不正常的现象。但是，路易十四之后，随着王室活力的衰退，政策的决定很少出自这些委员会，而更多地是随着宫廷政治角逐引起个人的升迁而变化，同时，官僚机构越来越多地任用专职的公务员，他们为自己收揽权力。从行政管理方面说，
97 革命前的旧制度在行将灭亡时变得更有效用。这预示，在大革命和拿破仑时期，以及在 1815 年之后的一段时间里，这种制度会随形势的发展而继续下去。[53]

在西班牙，波旁王朝逐步改变了哈布斯堡王朝遗留下来的体制。在哈布斯堡王朝时期，一些王室委员会松散地治理着这个局部统一的王国。1707 年，建立了权力很大的卡斯提尔委员会，成为行使王权的主要机构。1714 年之后，建立了专职的部以处理政府的主要任务。查理三世时期有五个部：国务部、作战部、财政部、司法部、海运和西印度群岛部。波旁王朝在每一个大区任命一名总督，他同地区治安法官共同协商实施政策。用这种办法，首次有

效地统一了地方行政。在这一世纪的中期，按照法国的方式，任命了地方行政长官，这些措施得以加强。地方行政长官的主要任务是经济方面的，包括监督税收。

17 世纪末，西班牙政府濒临破产。王室从卡斯提尔和美洲殖民地得到的收入指定必须用于偿还民间金融家的贷款。声名狼藉的高额货物税被高价包给热那亚和法国的银行家。由于土地和官职都已经出卖了，王室世袭财产日益减少。教会拥有大量收入，超出了最低的消费水平。根据重商主义的标准来看，向外贸商品征税是荒谬的。对进口的原材料和出口的制成品都收税，就是鼓励进口制成品，出口原材料。西班牙极少有的一点点好传统就是不管教会还是贵族都不能全部免税。

在 18 世纪期间，一些主张改革的官员，同波旁王室一起，对财 98
政制度进行了根本的改革。法国人奥里为西班牙在西班牙王位继承战中发挥作用提供了财政基础，办法是：收回王室出租的财产和转让的产权；增加税收；提高收税效率，包括向阿拉贡、巴伦西亚和加泰罗尼亚收税（以前马德里对这几个地方真是鞭长莫及）；向教会筹款。战后，阿尔贝罗尼改进了财政政策的实施，改革了关税制度以减少进口，并在巴伦西亚进行降低货物税的试验。在加泰罗尼亚制定了比较合理的但是严厉的土地税。巴蒂尼奥从西班牙的殖民地贸易中提取大量资金，用于扩大海军。在查理三世时，还采取了使税收制度进一步现代化的措施，其中包括建立更统一、更有效的关税制度，逐步促进西班牙工业的发展。在这一时期的发展进程中，取消了包税制。

进入 18 世纪之后，福利和发展的目标在西班牙经济政策中起着越来越大的半独立的作用。但是,国家的军事实力始终是政府的主要目标。用重商主义的标准来看,西班牙已明显恢复元气。1700 年,它的军队只有 2 万人,20 艘船,国库空虚;1800 年,它已经拥有 10 万人的军队,300 艘船的舰队,还有 65000 万里亚尔的储备。

西班牙的回升是在 18 世纪人口增长的基础上实现的。那时,它的人口从 725 万增长到大约 1200 万。在三十年战争之后的一个世纪,普鲁士取得了更加显著的业绩。1740 年,即腓特烈・威廉一世统治结束时,普鲁士人口只有 200 万多一点。威廉一世国
99 王留给他儿子的,除了在战争中获取的大量现金财富之外,还有一支善战的、7.2 万人的陆军军队。与之相比,法国军队有 16 万人,俄国军队是 13 万人,而这两国的人口都相当于普鲁士的 7 倍多。这种成就的取得是因为普鲁士采取了一系列税收和行政的措施,并把它们与霍亨索伦家族的军事目标直接联系起来。在 18 世纪的前半叶,国家开支的 70%用于军事方面。

当布兰登堡大选帝侯在财政上和军事上独立于分散、半独立的德意志地区时,就开始了这种发展的进程。他对这一地区的统治是承袭下来的。由于在三方面采取行动,这一进程得以完成:一、通过谈判和施加压力,把地方上的地产税作为年税("贡赋")直接交纳给王室国库,以支持常备军,条件是贵族可以免税,他们对农民的控制不予改变;二、开征货物税并改进收税方法;三、系统地利用(和开垦)王室领地,这些领地在全国占不小的比例(25%至33%),王室领地以六年的租期和固定的年租出租给王室管家。与俄国一样,贵族有担任公职的义务。有一段时间,法国的财政津贴

使普鲁士国王更能自由行事。

从技术上讲，王室领地在支持普鲁士国家和军队方面所起的作用，是这种财政制度极不寻常的特点，虽然在某种程度上它与瑞典国王的政策差不多。在法国、西班牙和英国，由于王国一直遭遇到战争所引起的连续不断的财政危机，在18世纪前，这种收入来源就已遭到系统的破坏。在1740年，普鲁士王室领地的收入却相 100
当于贡赋和货物税的总和。

普鲁士的行政体制最初直接发源于征收货物税和贡赋。[54]征收货物税是地方税务员的职责，而收取贡赋则是土地专员的职责。与法国和西班牙的地方行政长官一样，他们同王室领地的管家一起，行使广泛的行政职能。但是，税务员、土地专员和王室领地的管家这三者的地位，都是以王室收入的需要为基础的。

普鲁士地方官员上面的行政体制的核心，是负责财政和领地事务的总管理处，经常向国王呈报情况，或应国王的要求提出建议供他决策时参考。

在18世纪迅速发展的普鲁士，生活的复杂性改变了这种简单的等级制度。总管理处的核心是四个部长，负责地方和专职的工作。还为他们配备了庞大的枢密财政顾问。在腓特烈·威廉统治时期，外交和司法分别由总管理处之外的单独的部分管。在腓特烈大帝时期，又设立了一些专职的部，以促进贸易和工业的发展；1742年之后，设立了管理西里西亚的部；还有主管军事行政、采矿和森林等方面的部。这种把官僚职责分散，有时还相互竞争的体制，很适合为腓特烈大帝服务，能够敏捷地贯彻他的详细的强制性的指示。19世纪初，这种体制不得不进行全面改革，因为1786年之后，普鲁士由兴盛转而衰落，尤其是被拿破仑打败之后。事实表明，人员减少了，这种体制就不合适了。

俄国在16、17世纪兴起时面临的地方、阶级和城镇的既得利
101 益，不像霍亨索伦王朝开始面对的那样根深蒂固。沙皇是公认的权力源泉。所有的社会集团——贵族、市民、农民——都得为他效劳。在这个基础上，17世纪发展起来的税收和行政的中央集权制，同农奴制一起，都是为了确保田地有人耕种，而且随时可以获得所需要的徭役劳力和兵员。

国会(缙绅会议)曾一度存在，但是，从17世纪中期开始，由于沙皇很少召开，就逐渐消失。

在制定行政方针时，上层贵族就聚会在领主杜马——沙皇的咨询会议。陆续建立了大约40个行政部门(政厅)。它们在地区和职能上有些互相重叠。地方的行政工作由省长(府督)负责。与其他国家一样，土地要纳税(1679年之后对农户征税)，还有名目繁多的货物税。遇到严重困难时，政府就让货币贬值。

在17世纪期间，领主会议成员出现了变化的趋势，一些有才干的人取代了出身贵族的人。他们由沙皇指定，终身任职。

在彼得大力兴办各种事业的压力下，这种体制证明是不适用的。为了支付急剧增长的战时费用，彼得和他的臣属都煞费苦心。他们在1700—1703年期间降低硬币的金属含量，增加货物税，没收寺院的地产，提高关税，并于1718年开始征收人丁税。1724年，政府的收入，扣除价格变动因素后，是1701年的两倍，1680年的三倍。但在1710—1720年间，农民担负的捐税可能达到谷物收获量的64%。[55]

彼得还分阶段对行政体制进行了重大改革。杜马最终被九人 102
参政院所取代。在彼得离开京都时,参政院有决定权(在彼得的代
表的监督下)。九个院代替了原有的政厅。仿照瑞典的模式,这些
院实际上就是通常的部。院的首长是参政院的成员,他们的副职
最初是外国人。院管理全是俄国人。它们职责分明,避免重叠。
地方行政进一步归参政院和院统一管辖。同时,扩充监察官,并且
在地方政府内部区分各种权限,设立一些专门机构,细致地帮助地
方政府更有效地工作。

这种比较现代化的和合理的行政体制,在18世纪并不是没有变化。彼得死后三年,地方行政体制就被认为耗费太大,它的一些新特点被抛弃了。贵族竭力要在政治上减少对王室的义务,加强他们对农奴的所有权[56],虽然以地产作抵押提供贷款的贵族银行,在18世纪后期掌握了大量作为抵押品的贵族土地。

18世纪中期,在伊丽莎白统治时期,中央政府对税源的控制
削弱了,国家趋于破产。舒瓦洛夫挽救了俄国。他是参政院成员,
应召襄助女皇。舒瓦洛夫采取了一系列彼得曾经采用过的增加税
收的权宜措施,此外,还对俄国的政策实行了真正的革新:取消国
内的关税壁垒,而用重商主义的高额进口税来补偿。总的来说,彼 103
得改革了他的前人的统治体制,为后来的一个多世纪奠定了基础。

十一

本章论述的各国政府制定的政策和引起的经济变化,预示将来要出现的某些情况,也预示要发生同过去相似的事件。

关于将来，现代欧洲初期各国政府所肩负的经济任务，同1945年之后工业化程度最低的那些发展中国家面临的任务差不多。例如，20世纪60年代的非洲，新成立的国家也是集中力量来改进国内的交通运输，在关税壁垒的保护下寻求和应用简单的工业技术，扩大出口，向日趋膨胀和城市化的人口增加食品供应，增加财政收入和改善行政管理。它们也关心这些问题，如确立强有力的国家地位；让保持旧乡土关系的地区和只有狭隘本土观念的人民树立起国家意识。如果说，在15世纪到18世纪期间，从伦敦到圣彼得堡，从斯德哥尔摩到马德里，经济起飞的先决条件是缓慢形成的，那并不全是时代的错误。

在形成这些大致相似的技术日程中，安全问题所起的作用当然是各不相同的。当今世界上还未实现工业化的国家处在一个被一些先进得多和强大得多的国家所控制的舞台之内。它们就是在这样的时代里从事它们的事业的，在这个时代，为全体人民谋取经济进步和社会进步成为国家政策中一个主要的、直接的实际上不
104 可回避的目标。同过去一样，由于渴望在仍然有敌对的民族国家的世界上成为一个强者，实现现代化的要求就更为强烈。但是，现在的政治力量对比显然同过去君主国在欧洲互相争夺时的情况不同。然而，20世纪60年代和70年代在中东和东南亚进行的长期战争，已经再次产生了有些相似的环境，因为军事的需要与经济现代化的进程有时一致，有时互相冲突。

如果不了解早期现代欧洲的主要国家陷于持久斗争局势中的政治生活，就不能评论这些国家的国内经济政策。当然，在这些国家里，无论是达官贵人还是普通百姓都过着正常的生活。统治者

时时刻刻忧虑如何维持统治，又如何应付战争和开展外交活动。富有者都在追求地位和享乐，寻找维持家庭安逸的办法。无论是在凡尔赛还是在英国的农村，或者在发展中的大城市，人们可以通过经商，或者从事制造业、银行业、包税以及为国家服务等方式发财致富。甚至彼得大帝也把宝贵的资源用来在俄国生产威尼斯镜子和法国挂毯。处境不那么优裕的人总是为他们自己和孩子们的吃饭穿衣拼搏，并力求能稍微牢靠地掌握一小块土地。但是，本章简要论述的那种政策上的重大改变——那些为工业化准备了舞台的改变——却直接出自君主们的军事需要。从规模上讲，军事活动是一种最大的单项投资形式。在所有的表现形式中，包括公共债务负担，军事活动支配国家预算。除了宗教问题有部分的例外，它还支配政治的其他领域。宪政上的重大问题，无论是英国议会为控制财政大权而进行的斗争，还是彼得时期俄国贵族和农奴的地位问题，都与军事冲突的需要有关。

要写一部违背事实的那段时期的历史是不可能的。地区性军事冲突耗费巨大。它浪费了本可用于建设的资源。但是，没有军事冲突和预料会发生的战争，就缺少采取建设性政策的动力。这种政策构成了现代经济发展得以产生的母体的一部分。

所有这一切说明，早期现代欧洲的政治，同过去长时期的政治，同前面所描述的现代前帝国的政治都是一致的。处于上升时期的古代国家统治者所制定的经济政策，同早期现代欧洲的统治者的经济政策有许多相似之处。

但是，有三点不同。第一，欧洲统治者是依据以下的观点来识别情况和采取行动的：他们出于军事目的而关心岁入的增加，这需要靠扩大生产来实现。在这方面他们胜过以前的统治者。他们行使权力,不仅仅是要从固定不变的生产基础获得最大限度的收入,而是要促使产量提高。第二,随着时间的流逝,一种思想逐渐形成,并渗入政治生活和政策之中。这种思想就是:增加国家的财富,不完全是作为一种用以达到更大军事目的的手段而追求的目标,增加生产和提高福利才是国家政策的合法目标。直到18世纪末,亚当·斯密和阿瑟·扬都没有完全取得成功,但是,有一种观念却影响日增,这就是:不受国家权力的约束,以更高的效率来生产、贸易和种植粮食,是可以做到的。第三,一国有所得,另一国必有所失,这种长期支配国与国关系的基本观念开始在其主要方面
106 发生变化。贸易伙伴的繁荣有利于本国,这个道理日益为人们所领悟。正是这样的认识使英国和法国于1786年谈判缔结了伊登条约。七年之后,同一个世纪前的情况相似,欧洲又进入了长达30年之久的力量对比的斗争,因为土地不像国家的财富那样可以扩大。但是,在将近18世纪末期,已经为在民族国家之间建立争斗较少的经济关系奠定了理论基础。

思想和政策中这三股不同的趋向,并不是由欧洲政治本身的动力产生的,而是由政治生活同我们注意到的所谓商业革命和科学革命之间的相互作用产生的。我们将依次论述这些革命,因为如果没有这些因素——尤其是后者——我们在这里描述的政策就不可能成为经济起飞的先决条件,而会成为又一次周期性衰退的前奏。

第三章　商业革命 107

一

商业革命的老概念仍然是有效的、正确的。它指的是，随着15世纪末新航路的发现，国际贸易的显著扩展，扩展到了亚洲、西半球和非洲，以及这种扩展在欧洲和欧洲以外的地区产生的所有影响。这场革命一直持续到1783年英国经济开始起飞。1783年之后工业革命本身开始左右世界贸易的规模和形式。问题在于：商业革命是怎样与工业革命的发生相联系的？如果要有条理地解答这个问题，就有必要先简单地叙述一下商业革命是如何发展的。

二

可以断定，商业革命开始于1488年。那时，葡萄牙人巴托罗·
缪·迪亚士绕过了合恩角，开辟了一条不经地中海到远东的贸易 108
通道。不久，在从日本至波斯湾的弧形地带上出现了与欧洲的直接贸易。在以后的34年，从拉布拉多半岛至最南端的西半球海岸线和岛屿也都被勘查过了。经过环球航行之后，麦哲伦的五艘船有一艘回来了，虽然探险队的领导人麦哲伦没能归来。土耳其经历两个世纪的衰败之后，在地中海东部沿岸地区的兴起，对麦哲伦的探险结果产生了多大影响，这个问题一直在争论。土耳其的衰败，曾使欧洲控制了对远东的贸易，尽管进行贸易要经过这里的大陆桥。土耳其兴起后，欧洲与东方的贸易并未停止，只是不如以前那么容易了。

由葡萄牙和西班牙的探险家们扩大并重新调整的旧的贸易世界有三个主要部分：由意大利的城邦，主要是威尼斯和热那亚控制的地中海地区；由汉萨同盟控制的波罗的海地区；低地国家的贸易城市，其中的安特卫普在 15 世纪末跃居首位。

通过这些贸易通道，欧洲南部出售金属和制成品，以换取东方的香料、棉花、丝绸、药材和珠宝。在北部，汉萨同盟掌握了从诺夫哥罗德至布鲁日的欧洲河流的河口，它们用波罗的海地区的粮食、木材和一部分瑞典的铜换取西部的羊毛、纺织品和鱼。来自比斯开和葡萄牙的大陆葡萄酒和盐也通过这个渠道运送。

在 16 世纪，新的贸易通道和区域最初当然是由西班牙人和葡萄牙人控制的。贸易区域是他们建立的，在世界贸易渠道里流通的金银是他们投入的。然而，查理五世却把他的帝国贸易向非西班牙臣民开放。菲利普二世于 1556 年继承王位之后，则竭力限制他人同卡斯提尔人接触。热那亚通过把自己的财政、海军和军事
109 技术与伊比利亚结合在一起的办法，使自己同这些新的生气勃勃的发展联系起来了。[①]威尼斯只顾尽力与土耳其打交道，并着手发展工业和内地的农业，因而一度保持住了它的地位。忙于内战的法国给西班牙的黄金船队造成不少麻烦，但是，它自己最初只是受到重新组成的世界贸易体制的很少一点影响。英国对这扩大了的

世界作出了比较积极的反应：在海上进行劫掠；进行奴隶贸易；在伯利的领导下，建立了海上舰队，终于在 1588 年，英国舰队击败了西班牙的舰队。在这之前 10 年，英国为打破对波罗的海的贸易垄断所进行的长期斗争取得了胜利，并将汉萨同盟的商人从他们在伦敦市场享有治外法权的大本营驱逐出去，1579 年还创立了东地公司。1555 年建立俄罗斯公司，1577 年建立西班牙公司，1588 年建立塞内加尔探险队，这都反映了英国开拓贸易的精神。但是，低地国家却有着更显著的变化。位于这一战略要地的城镇取代威尼斯而成为欧洲的贸易中心，在这里，根据意大利的经验和革新，制定了许多它们自己的规章和具体措施。

接着，这一发展被荷兰反对西班牙的长期斗争所中断。斗争始于 1559 年的暴动，1609 年中止，1648 年才最终解决。结果，安特卫普在 1574 年和 1583 年两次遭到洗劫，荷兰南部的其他城镇也未能幸免。后来，它们都未能恢复到原有的商业地位。低地国家分裂了。在英勇的保卫战之后，平静下来的南方各省和新出现的北方七省联合成立荷兰共和国，而属于它的不知名的阿姆斯特丹却迅速地变成欧洲最大的商业和金融中心。

在 17 世纪时，作为荷兰贸易集散地的这个核心，沿用了中世 110
纪后期的那种形式：运到阿姆斯特丹的货物有波罗的海地区的粮食、木材、松脂制品和金属（这表明瑞典铜和铁的出口大量增加了）；有来自英国的羊毛和布；有来自地中海的葡萄酒、盐、丝绸和香料。此外，还有产自西半球和远东的产品。阿姆斯特丹为这种贸易组织运输、提供资金和转运，并对一些转运商品进行加工。在同一时期，荷兰还迅速向外扩张，在远东、印度半岛、波斯湾、合恩角，在西非、南美洲的东北部沿海地区和北美洲的东部沿海地区，建立它自己的帝国地盘。荷兰东印度公司于 1602 年建立，西印度公司建于 1626 年。1652 年，在好望角建立了荷兰最后一个重要殖民地。

所有这些使阿姆斯特丹得以输入香料、印度花布、糖、烟草和金银块，以及来自斯匹次卑尔根群岛的鲸油。除了上述这些商品之外，来自其他地方新的贸易点的商品也流向这个贸易中心。

随着 17 世纪岁月的逐渐流逝，荷兰共和国的这种非凡的收获使英国和法国垂涎三尺，也成为它们的榜样。英国人对荷兰人的嫉妒心情，只是在荷兰领导下两国共同对付路易十四的威胁时，才有所缓和。查尔斯·威尔逊形象地描绘出英国人的这种心情：

> 布雷达条约(1667 年)使持续了半个多世纪的敌对时代结束了。在这之前，无论他们的出身、阶层、职业和世界观是否相同，所有英国人都仇视荷兰。仇视转化成行动，成为推动
> 111 大部分国策运行的轴心。对国际法、古老的风俗等等进行声嘶力竭，而且常常是故弄玄虚的争论，真正原因是荷兰共和国在贸易、航运和技术方面处于领先地位。这不仅引起了邻国——尤其是英国和法国——的妒忌，而且还给它们提供了用以争辩它们在经济上受剥削和压迫的似乎有理的借口……有关英国负担沉重的怨言，简单说，就是荷兰从英国和它的属地夺走了原料和半成品，并在随后的加工和销售中赚了大量的利润。荷兰人向他们的受害者返销工业品、日用品和奢侈品的技巧只不过是表现为双重掠夺这一过程的第二阶段。②

与后来三个世纪的许多国家一样，17 世纪时的英国和法国不

是消极地接受这种从属的和较不发达的概念的。英国东印度公司早在1600年就建立了，它的第一个贸易基地于1609年在苏拉特建成；在北美洲的居留地最先于1607年建在詹姆斯敦；1605年占领巴巴多斯，从此在西印度群岛获得了立足之地；有组织地对非洲贸易开始于1618年；从1670年起，哈得孙湾公司就争夺法国在加拿大的地盘了。[3]

直到1660年，这些发展对英国对外贸易的规模和性质所产生的影响还不大。[4]毛织品仍然是英国出口的主要部分(占80%—90%)，出口商品中的佼佼者是销售到西欧的薄型呢绒——“新型的衣料”，而与此同时，30年战争，或许是垄断的贸易公司的僵硬做法，限制了老式品种的衣料在北方市场的销售。但是，随着时间的推移，新的北美洲殖民地以及在西印度群岛和印度的立足地都

留下了这样的统计数字：烟叶、糖和来自印度的产品的进口和再出 112
口增加了；在1620至1640年期间内，烟叶从伦敦进口商品中的第八位上升到第一位；在17世纪50年代糖的进口也增加了。再出口额从1640年的不到10万英镑上升到60年代初期的90万英镑，占英国出口总额的28%。1600年至1640年期间，英国的出口以平均每年1.5%的速度递增。再出口的加速发展，提高了1640年至1650年间的出口总额的增长率。基于商船队的吨位在1609—1615年至1660年期间翻了一番，可能是这个原因，英国不仅把它的新帝国地位同国内外市场连接起来，而且能在外国港口之间直接运送货物。这种意向和力量的新概念——一种英国人能凭自己的力量打败荷兰的信心——促使在1650年和1651年制定了《航海条例》。1660年王政复辟后，这个条例又得到了巩固和加

强。该条例规定，殖民地的贸易，包括殖民地产品的再出口，只能由英国的商人来经营，由英国的船只来运输。

三

法国的柯尔柏在 1661 年接替马扎然的职务正好与英国的王政复辟同时发生。直到那个时候，虽然法国在北美洲、西印度群岛和印度也建有殖民地，但它并没有用英国那样大的精力去开发它们。柯尔柏以高昂的热情来恢复法国商业和海军的地位。用查尔斯·科尔的话来说，柯尔柏反对荷兰的斗争是他一生中的“重大课题”之一：

> 他掌权时，法国的商业，由于马扎然领导时期的疏忽，由于对外战争以及内部动乱而深受损害。在荷兰贸易顺利发展之前，法国的商业就已不断地失去它的地盘。事实上，在 1664 年，柯尔柏宣布，根据他所作的“精确计算”，荷兰经营了法国贸易的很大一部分，以致仅水陆运费一项，法国每年就要付给荷兰 400 万利弗尔。法国只有几百艘商船，而荷兰却有
> 113 数千艘。法国海军也衰败了。甚至连法国的沿海贸易也在荷兰控制之下。在海洋渔业方面，法国正受到排挤。法国人声称，他们不可能与荷兰人竞争，因为建造一条法国船，并配备船员、给养以及使其运行的全部费用远远超过荷兰。事实上，对大部分法国人来说，商业看起来确实“不太符合国民的天性”。⑤

柯尔柏在进行他称之为反对荷兰人的“和平的战争”时，从三

个重要的方面来推行他的政策：制定关税，以鼓励法国的出口；建立商船队和保护商船队的海军；建立东印度公司、西印度公司之类的贸易公司，把法国势力扩展到地中海，以及波罗的海和非洲。他的事业没有给股东带来利润。他的反对荷兰人的和平的战争，在1669年之后，变成了既反对英国又反对荷兰的军事斗争。这给法国造成严重的经济后果。但是，他为法国的海军、贸易和殖民地力量的发展奠定了基础，使法国在18世纪超过了荷兰，成为英国最主要的对手。接近17世纪末时，法国人也像英国人那样，逐渐习惯于吃殖民地的糖，吸殖民地的烟，也喜爱印度的花布。

在柯尔柏加快法国前进的步伐以夺取荷兰人的贸易地盘时，正是英国在王政复辟之后进入全面的贸易扩张的阶段。这一扩张大约在1686—1688年达到顶峰，这刚好是在与路易十四发生战争之前。[6] 17世纪末尾的那几年（1698—1701年）也是和平时期，但是，在西班牙王位继承战爆发前的最高贸易额可能也超不过1686—1688年的水平。然而，最接近实际情况的估计数字表明，
对外贸易有了巨大的发展，而再出口的比例增加更快。我们称之 114
为商业革命的世界贸易体系正在扩大。这些数字就是这种扩大所取得的成果：

- 烟叶的进口和再出口急剧增加，而价格则大幅度下跌。
- 糖的进出口增长和价格下跌情况与烟叶类似，只不过不像烟叶剧烈。
- 印度白布的进口量从王政复辟前很低的水平上升到1663—1669年的24万匹，到1699—1701年时，更增至86.1万匹，后者的2/3再出口。

· 在同一时期，各种制成品的出口额翻了一番。虽然这些制成品在这一世纪末只占出口总额的8%，但这一事实却表明，北美洲殖民地市场扩大了，对具有一定工艺水平的英国金属品制造业的生产起了刺激作用。

另外，同非洲的奴隶贸易日趋扩大，以向西印度群岛种植园和
115 纽芬兰的渔业生产提供劳力。来自英国的船只把货物直接从纽芬兰运送到西印度群岛和地中海，也运到英国港口。

西班牙和葡萄牙在美洲的殖民地为这种新的贸易形式提供了必不可少的润滑剂——金银的流通。金银不仅为伊比利亚半岛通过荷兰的贸易中心输往英国和法国的货物和商品提供资金，而且也为它从远东（从更小的范围来说，从地中海东部诸国）进口货物提供资金。在远东，并不存在对欧洲货物均等的实际需求，却存在着明显的对金银贪得无厌的需求。

表4　17世纪后期的英国对外贸易

	1663—1669年（单位：千英镑）	1669—1701年（单位：千英镑）	增长率%
出口	3239	4433	37
再出口	900	1986	121
出口总额（大约）	4139	6419	55
进口总额（大约）	4400	5849	33

资料来源：W. E. 明钦顿编辑的《17世纪和18世纪英国海外贸易的增长》（伦敦梅休因出版公司1969年出版）一书第92页拉尔夫·戴维斯写的《1660—1700年的英国对外贸易》一文。该文转载于《经济史评论》第2辑，第7卷，第2册（1954年）。

注：这一时期英国贸易统计数字的问题是缺少1699—1701年之前的全面资料。伦敦进出口数字（很难校正，因为关税不断变化）是有1663—1669年的数字，但是需要对其他港口进出口贸易作粗略估计，才能把17世纪60年代的情况与该世纪末的情况作比较。

我们拥有 17、18 世纪之交时可以信赖的英国对外贸易统计资料，以及从 18 世纪 20 年代开始的不那么可靠的法国统计数字。我们知道，到 1713 年西班牙王位继承战结束时，英国的贸易受到

表 5　1720 年、1750 年、1780 年、1800 年国际贸易估计数 116

（单位：百万英镑）

国家	1720	占国际贸易的百分比	1750	占国际贸易的百分比	从 1720 年起的增长率 %	1780	占国际贸易的百分比	从 1750 年起的增长率 %	1800	占国际贸易的百分比	从 1780 年起的增长率 %	
英国	13	15	21	15	62	23	12	10	67	22	291	
法国	7	8	13	9	86	22	12	69	31	10	41	
德国	8	9	15	11	88	20	11	33	36	12	80	
俄国	8	9	14	10	75	17	9	21	30	10	76	
奥地利	2	2	4	3	100	6	3	50	8	3	33	
意大利	3	3	5	4	67	7	4	40	10	3	43	
西班牙	10	11	14	10	40	18	10	29	12	4	−33	
葡萄牙	2	2	3	2	50	4	2	33	4	1	0	
斯堪的纳维亚	2	2	3	2	50	5	3	67	5	2	0	
荷兰和比利时	4	5	6	4	50	8	4	33	15	5	88	
瑞士	1	1	2	1	100	3	2	50	5	2	67	
土耳其等国	2	2	3	2	50	4	2	33	5	2	25	117
欧洲总额	62		103		66	137			228		66	
欧洲占世界总额的百分比	70		74			74			75			
美国						3	2		17	6	567	
讲西班牙语的美洲国家	10	11	15	11	50	20	11	33	25	8	25	
英国殖民地	2	2	3	2	50	1	0.5	−67	2	1	100	
印度	9	10	9	6	0	10	5	11	10	3	0	

续表

其他各国	5	6	10	7	100	15	8	50	20	7	33
除欧洲之外的总额	26		37		42	49		32	74		51
世界总额	88		140		59	186		33	302		62

资料来源:迈克尔·马尔霍尔:《统计词典》(伦敦:乔治·劳特莱奇父子公司 1892 年出版),第 128 页。

注:由于数字都取了整数,因此,百分比数字加起来不一定都是整 100。

严重干扰,然后又回升。这次回升一直持续到 1739 年再次爆发战争时才停止。[⑦] 在战争期间,法国贸易受到更严重的挫折,但从 18 世纪 20 年代开始,又欣欣向荣了。

1720 年之后国际贸易发展最完整的统计表,是迈克尔·马尔霍尔编制的表 5。他的统计表的主要缺陷是,没有提供统计数字的出处和把贸易额转换成英镑的汇价。而且,1780 年的数字,由于受美国独立战争的影响而不那么准确,尤其是英国的数字低得反常。1800 年的数字则反映了拿破仑一世战争和 1783 年之后英国经济起飞这一特殊阶段的情况。但是,如果使用得当,马尔霍尔的计算还是相当有价值的,而且,与我们从其他方面所掌握的关于这 80 年的国际贸易的变化幅度相比,并没有很大的差异。

表 5 有下列一些特点需要指出:

118 · 在 18 世纪最后 20 年英国经济起飞之前,英国贸易增长一直是平稳的,不是突飞猛进的。起飞之时,棉织品和铁的出口以及原棉的进口都急剧增长。统计数字较准确地反映了法国贸易在 1720 年至 1780 年期间的好转,但是,在与以不变价格计算的英国贸易额相比时,引用的法国价值数应扣除物价上涨的指数。由于英国对来自西半球的产品的再出口处于半垄断地位，由于汉堡在拿破仑战争时期成为欧洲大陆的贸易中心，因此，1800 年的英国和德国的数字也被夸大了。

- 北欧和中欧 1780 年的数字表明，普鲁士和俄国在经济上，正如在军事上和政治上一样，已经初露锋芒，奥地利、斯堪的纳维亚、荷兰、比利时和瑞士诸国也在全面发展。我们可以从这些外贸数字看出，欧洲大陆的经济普遍充满活力，彼得之后的俄国以及在腓特烈大帝统治下的普鲁士继续保持着发展的势头，荷兰共和国虽然失去了 17 世纪的领先地位，仍为保持它的重要的贸易地位做出相当成功的努力。1800 年的数字反映出，第一阶段的拿破仑战争对这一地区产生了不同影响。

- 南欧则显得不那么有生气。意大利保持它那相对说来是中等的贸易地位，而西班牙，尽管在 18 世纪时热衷于现代化，也有些退步了。我们还看到，当巴西的黄金开采完时，葡萄牙也在 1760 年后失去了原有的势头。[8]
- 通行西班牙语的美洲地区，由于向外输送大量的金银，一直到这一世纪的最后 20 年，仍在世界贸易中占有重要地位。119
它不仅继续促进北欧同西班牙的贸易，而且也促进欧洲同印度甚至同中国的贸易。
- 虽然马尔霍尔把美国的贸易从 1780 年之后才单独列为一项，但是，18 世纪时殖民地贸易的扩展犹如它的人口增长 21 倍那样令人吃惊。从这一世纪的头 10 年到 70 年代，向英国出口的货物增加了 6.6 倍。[9] 独立战争之前，英国贸易总额的 60%是同各殖民地的贸易。

国际贸易量扩大后的商品构成，既包括 17 世纪后期已有的商品，也有一些新的成分。有关发展中的英国贸易状况的材料最完整，也没有过分的渲染。它提供了掌握世界贸易区主要变化的正确途径。

表 6 列出了以 1700 年和 1773 年为中心的三年期间平均数的英国贸易商品构成，这两个时期都是和平时期。

120 **表 6　1699—1701 年和 1772—1774 年英国对外贸易的商品构成**

（单位：千英镑）

进口	1699—1701 年	1772—1774 年
亚麻制品	903	1274
棉布	367	697
丝绸和混纺品	208	82
金属器皿	72	7
线	79	14
其他	215	111
制成品总额	1844	2157
葡萄酒	536	411
烈性酒	10	205
糖	630	2364
烟叶	249	519
水果	174	159
胡椒	103	33
药品	53	203
茶叶	8	848
咖啡	27	436
大米	5	340
谷物		398
其他	174	561
食品总额	1969	6477

续表

生丝和丝线	346	751	
亚麻和大麻纤维	194	481	
羊毛	200	102	
棉花	44	137	
纺纱	232	424	
染料	226	506	
铁和钢	182	481	
木材	138	319	
油料	141	162	
动物脂	85	131	
皮革	57	164	121
其他	191	443	
原材料总额	2036	4101	
进口总额	5849	12735	
出口	1699—1701 年	1772—1774 年	
毛织品	3045	4186	
亚麻制品		740	
丝绸	80	189	
棉布等	20	221	
金属器皿	114	1198	
帽类	45	110	
其他	279	1843	
制成品总额	3583	8487	
谷物	147	37	
鱼	190	70	
蛇麻子	9	136	
其他	102	329	
食品总额	488	572	
铅	128	182	
锡	97	116	
煤	35	333	
其他	102	163	
原料总额	362	794	
出口总额	4433	9853	
再出口	1699—1701 年	1772—1774 年	

续表

棉布	340	701
丝绸等	150	501
亚麻制品	182	322
其他	74	38
122 制成品总额	746	1562
烟叶	421	904
糖	287	429
胡椒	93	110
茶叶	2	295
咖啡	2	873
大米	4	363
朗姆酒		199
药品	48	132
其他	84	237
食品总额	941	3542
染料	85	211
丝	63	125
其他	151	378
原料总额	299	714
再出口总额	1986	5818
出口和再出口总额	6419	15600

资料来源:引自拉尔夫·戴维斯的《1700—1774 年的英国对外贸易》,该文收在 W. E. 明钦顿编辑的《17 和 18 世纪英国海外贸易的增长》(伦敦梅休因出版公司 1969 年出版)第 119—120 页。

注:资料只包括英格兰和威尔士。虽然在 1707 年签订了《联合条例》,但这一时期的苏格兰贸易是分开记载的。

进口货物的主要变化说明如下:

- 亚麻制品:这几年是缓慢增长的,因为英国从西北欧的进口减少,而从爱尔兰的进口大量增加(尤其是这世纪中期以后),从俄国的进口稍有增加。
- 棉布:进口印度棉布自然是明令禁止的,虽然这一限制在

1751—1775 年期间有所放松。

- 食品：17 世纪时，食品进口（主要有烟叶和糖）继续显著增加，另外又增添了咖啡、大米和茶叶，1784 年以前，后者主要是大规模走私进来的。在这一世纪的第三个 25 年里，由于人口的增长和城市化超过了国内的农业发展，英国从谷物出口国变成谷物进口国。
- 纺织原材料：丝（来自南欧与印度）、亚麻和大麻纤维（一部
分用于织棉麻混织粗布）、纱和染料的进口增加了，这反映 123
了纺织品生产中的新趋向。但是，一直到 1773 年，原棉进口数量都不大。
- 铁和钢：尽管国内生产有所扩大，技术有所改进，但英国越来越依赖铁的进口。俄国和北美洲殖民地在一定程度上取代了瑞典而向英国出口铁，这是因为瑞典在 1730 年以后将铁的出口总数严格限制在 4 万吨。1770 年，英国全年从各种渠道进口铁 5 万吨，几乎同国内的产量相等。

出口和再出口商品的主要变化如下：

- 纺织品：尽管欧洲大陆，包括南欧，保护主义和自给自足的倾向日趋严重，但对北美洲、西印度群岛、非洲、爱尔兰和印度的出口增加（对印度的出口增加较少），这就使全部毛织品的出口扩大了。英国毛织品在欧洲大陆的市场，包括南欧的市场，直到这一世纪的中期一直没有扩大。殖民地市场在其他纺织品的大量出口中也占有很大比重。一直到 18 世纪 70 年代初期，英国棉布的出口虽然不停地在增长，但增长得非常缓慢。

· 金属器皿和其他制成品：北美洲殖民地市场的迅速扩大和高额收入，刺激着英国的铁钉、斧头、枪支、水桶、四轮马车、钟表、马鞍和其他一些用品的生产，这就加速了17世纪后期出现的一种趋势。

· 食品：谷物出口在1750年达到近100万英镑的顶峰后，由于英国出现了谷物长期短缺的状况而下跌。国内需求的增长，也导致了鱼的出口的下降。

124 · 原料：英国煤和铅的出口大量增加。煤出口到欧洲大陆和爱尔兰，铅则输往欧洲大陆。

· 再出口：总的来看，在这期间，再出口总值增加了两倍，但英国的出口只增加了120％。殖民地市场的扩大弥补了欧洲大陆需求的呆滞。西北欧发展成咖啡和大米再出口的重要市场，但是，法属西印度群岛糖产量的增加，以及英国甘蔗种植园生产效率的下降，几乎排挤了英国对这一地区的再出口。殖民地市场对茶叶的需求以及爱尔兰市场对食品再出口的需要量都剧增。

这一时期法国对外贸易方向及其商品构成的变化，可以从现有的1715年和1787年这两年的资料中看出来。[10]

法国的贸易也转向美洲和非洲，但它在印度的地盘丢失给英国之后，其东印度公司的贸易作用也就相对地缩小了。18世纪英国同爱尔兰贸易的扩大，几乎使爱尔兰的进出口能量增加了一倍，法国自然没有从中得到好处，因为英国把爱尔兰当作一个殖民地市场。法国与欧洲其他国家的贸易比重下降了，但是，法国的进出口贸易面向18世纪活跃的欧洲大陆市场的比重，同英国相比，要高得多。同英国一样，在商品构成方面，新食品的贸易有了变革性的发展，其中包括大量再出口法属西印度群岛的产品。

克鲁泽对这几年法国的状况做了如下的归纳：

> ……法国在国际贸易的好几个方面获得了或者说保持着 125
> 优势地位。它仍然是向西班牙，以及通过加底斯向西班牙的美洲殖民地提供制成品的主要供应者，而英国只垄断了较小的葡萄牙和巴西的市场。法国还控制了意大利和东地中海诸国的市场。由于法国在圣多明各的甘蔗和咖啡种植取得了重大进步，以及这些产品价格低廉，因此这里的产品能成功地同英属西印度群岛的产品竞争。西印度群岛的土地日益贫瘠，生产成本要高得多。法国人从英国商人那里夺取了殖民地农产品的大部分转口贸易，并向北欧开辟了大规模的、迅速增长的再出口贸易……法国贸易……仍然比英国更面向欧洲，与欧洲国家贸易的增长速度几乎同全部对外贸易的增长速度一样快，肯定快于英国与欧洲大陆的贸易增长速度。[11]

四

商业革命就是市场扩大的典型事例。亚当·斯密相信，市场扩大能够鼓励生产的专业化，提高生产效率。商业革命给欧洲带来了不断增多的吃、用、喝、穿的产品。它产生了一种与非洲的新贸易，就是以欧洲的产品换取人，这些人被迫渡过南大西洋，到种植园里干活。它向北美洲输送了一批生气勃勃的种植园主、猎人、渔民和商人。它导致了金银的大量流动，使这些金银交换两次：第一次是葡萄牙人和西班牙人用来进口货物；第二次是英国人、法国人、德国人和荷兰人用来从亚洲文明古国购买欧洲所要的东西，而这些亚洲国家却不那么需要欧洲产品。问题在于，如果事情果真如此，那么，所有这些与工业革命有什么联系呢？

1776 年，亚当·斯密出版了《国民财富的性质和原因的研
126 究》。这本书的出版比巴托罗·缪·迪亚士绕过好望角晚几乎三百年，比欧洲有目的地广泛开发西半球和远东晚几个世纪。亚当·斯密发觉，所有在开发活动中比较占上风的人都获得了利润，而且，国内和国际市场如果能够更开放一些，竞争再强烈一些，获取的利润就会更多。但是，他未能觉察出即将出现的技术革命。[12]正如我们在这之后所看到的，在技术这个正在发展的小小世界里，正进行着大量的活动。这一点亚当·斯密在 1760 年之后可能有所觉察。但是，实际上在他所处的时代之前，商业革命和市场的开拓确实已促成经济功能的专业化，但并没有产生工业革命。《国民财富的性质和原因的研究》一书准确地反映了 18 世纪 70 年代已在应用的技术的状况。尽管亚当·斯密考察了针和表的制造，这一著作的重点仍然放在商业的扩展上，而不是放在工业技术的改进上。艾什顿是这样解释 1700—1760 年这个阶段的："无论是在生产技术、工业结构方面，还是在人民的经济和社会生活方面，英国都没有经历过革命。"[13] 1760 年时，英国棉纺织业使用的机器"几乎与印度使用的机器一样简单"。[14]

然而，我们知道，国际贸易在规模和结构上发生的这些变化与 18 世纪 80 年代开始于英国的工业革命必然有着某种联系，至少有部分联系。[15]要有效地了解这个问题，我们必须把贸易的扩大对

实际收入的影响和它对创造发明和技术革新的过程的影响区别开来。这两个过程并不相同。即使在技术上没有重大的变化，收入、产量和人口也能够增长。

第一，贸易的扩大，对实际收入有着许多积极的直接影响。它降低了糖、烟叶、茶叶和其他日用消费品的成本；它向那些生产出 127
口商品和加工进口商品的制造业提供日益增多的就业机会。在这里工作，收入要比在其他行业工作高。

第二，与贸易有关的各行业活动增加了，这也扩大了实际收入。业务活动增加的行业有：商业本身、银行业、保险业、船舶制造和港口建设业以及国内贸易，尤其是销售大量进口的美洲和亚洲商品的规模扩大了。所有这些使中产阶级的人数和投入制造业的资本增加了。[16]

第三，贸易的扩大，也直接促使了某些种类的制造和加工业的增多。克鲁泽很好地概括了18世纪在法国出现的这种连带关系：

> ……18世纪欧洲的经济是以一些大的海港城市为中心组织起来的，最繁荣的是那些在日益发展的殖民地贸易中占有最大份额的海港城市，如波尔多和南特。每一个这样的海港城市，不仅有自己的工业，而且还有建立在以其为出海口的那些河流流域的内陆工业基地。例如，波尔多设有造船厂、糖厂、酒厂、烟厂和玻璃厂；在加龙河沿岸及其支流地区还建有这样的工厂，如：船帆和绳索厂，为西印度群岛居民制造枪支和为糖厂制造煮锅的工厂，为奴隶生产亚麻布和为种植园主生产毛织品的工厂，也有生产向西印度群岛出口的优质面粉的面粉厂。毫无疑问，法国沿海各省是18世纪工业化程度最

高的地区，而且，大海港的影响也渗透到内陆地区。例如，皮埃尔·莱昂曾指出，像多菲尔这样的内陆省的工业也对西印度群岛的贸易抱有极大的兴趣。[17]

同贸易相关的工业发展的类似过程，在荷兰、西班牙、德国北部的一些港口以及英国也可以看到。

表 7　1720 年、1750 年和 1800 年按人口平均计算的对外贸易额

（单位：千英镑）

	1720 年	1750 年	1800 年
英国	1.9	2.8	6.2
美国	—	2.4(1769 年)	3.2
荷兰和比利时	1.3	1.7	3.2
德国	0.7	1.1	2.0
葡萄牙	1.0	1.1	1.2
西班牙	1.3	1.6	1.1
法国	0.3	0.5	1.1
俄国	0.6	0.7	1.0
意大利	0.3	0.4	0.6

资料来源：用于此表计算的贸易数来源于前面的表 5；人口数来源于前面的表 2。

128 对外贸易的发展导致收入增加，这种结果所造成的增殖效应是难以估量的。在英国，它促使五千人以上的城镇的人口增长，在 18 世纪初，使其增长率达到 13％的最高数，到这世纪的中期达到约 16％，1801 年则是 25％。[18]除了荷兰以外，欧洲大陆的城市人口数显然比较低，但是，几乎可以肯定地说，所有国家的城市人口都相对地和绝对地增长了。从表 7 粗略的计算可以看出，按人口平均计算的外贸额都增加了，只是西班牙在拿破仑战争时的情况例外。

发展贸易、加快城市化速度、鼓励建立与商业有关的组织机构，以及提高手工艺品的加工和制作能力，这些都不是历史上独有的现象。随着市场的扩大，产生了许多我们现在称之为现代化的组织、活动和态度的东西，但它没有触发工业发明和革新的自我强 129
化的过程。生产一般沿用传统方法。犹如处在扩张阶段的古代帝国那样，只有按比例的不变报酬，而没有报酬的递增。同样，只有资本的扩大，却没有意义重大的资本的深化。

至此，我们的结论是，同在前面分析过的政府的国内政策一样，商业革命有助于增加收入，也有助于增强欧洲供养日益增多的人口的能力。但是，这个革命本身却没有促使新技术稳定地涌现出来。实际上新技术已纳入了经济进程之内。没有新技术的不断涌现，收入和人口的增长也能持续一段时间，因为世界贸易体系中的新老地区会在当时的技术结构之内继续发展。但是，马尔萨斯所说的种种限制迟早要来到，欧洲势必会陷入周期性的下降——就像19世纪时的中国和许多早先的文明古国那样——欧洲在14世纪和17世纪已经历过这种下降。扩大的食品贸易，扩大的商船队，扩大的城市和港口，扩大的银行，扩大的加工工业，仅仅依靠这一切，是不足以实现自我维持的增长的。[19]

然而，欧洲和世界经济的这种横向发展与工业革命的确有一些重要联系。

第一，收入和人口的增加创造了一个需求量不断上升的市场环境。这并不能保证发明者和革新者一定作出创造和应用新技术的反应，但是，它显然使这种反应比较容易，更顺乎自然。

第二，出现了城市化过程。在欧洲和北美洲殖民地，脱离农业而进入城市的人口绝对数增加了，这就扩充了这样一种人的队伍： 130

他们在科学革命的影响下，有可能对发明和革新产生越来越多的收益这种刺激作出反应。

第三，对外贸易与新技术有一些间接的联系。这是工业革命第一阶段的核心。在英国，新技术产生于三个方面的问题：如果用焦炭作燃料，怎样生产出质优价廉的生铁和熟铁？如何制造效率较高的蒸汽机？怎样用机器来纺纱？

英国依赖生铁进口（从瑞典，后来也从俄国和美洲殖民地进口），在好战的和重商主义的年代，这是一件麻烦事。炼铁业面对的不仅是国内日益增长的需要，而且还有北美洲殖民地对铁器的需要。那里人口增长迅速，人民比较富裕，因而对铁器的需求量增加得尤为迅速。

最初，蒸汽机主要用于煤矿抽水，以便开采较深的煤层。那时，因为人口的增长、城市化的发展以及使用老技术的制造业的活动增多，煤的需求量已经增多。然而，炼铁业不断要求增加焦炭，这就更增加了对煤的需求量。对煤的需求日益增加，一部分与对外贸易的需求有关。

最重要的是，17 世纪时，东印度公司把印度棉布输入英国市场，表明英国存在着一种不可否认的潜在的需求。1700 年和 1720 年禁止进口的立法，导致了保护性的高额关税。在高额关税的保护下，英国的发明者和革新者终于解决了用棉线作经线的问题，从
131 而以机器同印度人的灵巧的双手展开了竞争。在这个问题得以解决的时候，国内已经有了一大批擅长染印度白布和用棉线作纬线、用麻线作经线来生产粗布的工厂。在这样的基础上，一旦技术有了突破，棉纺织业就能够迅速发展，既可供应海外，也可满足国内

市场的需求。

对外贸易在这三个重要方面发挥了作用，但如从每件具体的事情来讲，这种作用是很微小的。商业革命刺激了需求，而这种需求又使得用新技术来解决供应问题变得越来越有利可图。但是，需要有一种新的思想，才能使发明者和企业家联合起来，使他们确能降低成本。这就从技术方面说明了工业革命。亚当·斯密的扩大市场的学说不足以解释为什么会产生工业革命，因此需要从商业革命之外的其他方面来解释。重大的革新突破与科学革命也是联系在一起的。因此，我们接着要解决的难题是，科学、发明和革新是怎样互相关联的。

132

第四章　科学、发明和革新

一

科学革命，从其全部结果来看，是历史方程式中的一个要素，它把早期现代欧洲同所有过去的经济发展阶段区别开来了。这就是本书的主题。在重商主义时代和商业革命时期，有进取心的统治者实施的国内经济政策本身，并不是第一次起飞到来的原因，也不是在随后的两个世纪里占据世界舞台的工业革命广为传播的原因。

我们的大多数人可能会部分地接受这种观点。这是一段具有《圣经》色彩、至少像英雄传奇那样精彩的历史。它从弗伦堡的牧师——哥白尼开始。可以说，哥白尼创立了地球绕太阳运转的学说，但是，直到他 1543 年去世时，他对自己的新学说的认识仍然是有限的。接着，伽利略用他的望远镜证实了哥白尼的理论，但是，他却受到了宗教法庭的迫害。这段历史还包括了布拉赫、开普勒、吉尔伯特、惠更斯和笛卡尔等人所作出的贡献。这一阶段人才济
133 济，生气勃勃。1666 年，年轻的牛顿，卓越地集各家之大成而达到顶峰。之后，牛顿用了 20 年的时间来探索、思考和消化新的观测成果，正式发表了他的统一的方程式。

从哥白尼到牛顿的具有戏剧性的、意义深远的发展变化，使怀特黑德作出这样的评论："一个婴儿在马槽里降生，发生了如此重大的事情而不引起震动，也许是很可疑的。"① 巴特菲尔德说得更直截了当："……自基督教兴起以来，没有任何能够与此相提并论的历史里程碑。"②

从 20 世纪 70 年代回顾过去，人们就不太可能怀疑这个评价。这不仅仅是发射月球飞船、核武器、卫星通信、特效药和计算机的问题，而是我们了解到或意识到，科学革命已不可避免地改变了人们对他们自己和社会，对物质世界以及对宗教的思维和感觉的方法。科学革命与 18 世纪末第一次工业革命的来临也有一些关系。

我们现在遇到一个既无明确意见而且看法还不一致的问题。工业革命的第一阶段包括：民间企业家在棉纺织业中大规模地采用新方法，在各行业中迅速推广使用效率越来越高的蒸汽机，采用以煤作燃料的新技术来生产优质熟铁。在这些发展的前后，在不少地方，有许许多多的人，以历史上从未有过的规模和决心，致力于用新方法来解决生产的实际问题。他们的努力，既取得了许多微小变化，也取得了记载在专利记录上和经济史教科书上的重大突破。16 和 17 世纪的天文学家、物理学家、数学家和化学家积累 134
起来的成果同革新家、设计家和发明家取得的实际成就和作出的决定之间有着根本的联系，这还很不明显。即使我们本能地承认它们之间存在着某种联系，但从表面上还是看不清楚这是一种什么样的联系。

二

要搞清楚科学、发明和革新之间的关系，先做一点形式的和抽象的论述是有益的。

科学和发明是社会投资的形式。人们花费时间和已有的资财来获取新知识，以便寻求新的能提高工作效率的方法。他们需要有放弃参加其他活动的决心，也需要有承担失败风险的决心。失败既包括不能取得受社会重视的成果，也包括不能取得科学家和发明家为实现自己的理想正在探索的成果。同样，无论是官方的还是民间的企业家，在从事革新活动时，也都要冒风险。他必须作出决定，把自己的或借来的资本投放于生产或服务的新形式之中。他有可能如愿以偿，获得更多的利润，也有可能事与愿违。

这样看来，在一个特定的社会和在一段特定的时间里，用于基础科学和用于发明的资财的数量，包括人的才智，可以用常规的供应和需求的曲线来表示。[③]需求曲线表示的是，在已有科学成果的条件下，向基础科学研究投入更多资财之后可望得到的成果。由于纯科学的成果并不直接进入私人经济（某些设有大型实验室的当代尖端工业除外），因此，对科学成果的需求可以表现为某个社
135 会对这种成果所给予的荣誉和学位奖励，或者是公费的资助。供应曲线表示的是，某个社会，为了适应这种鼓励，在特定的时期内，向基础科学研究实际提供的资财的数量。某一个人可能会关心基础科学研究中的预期成果，也可能不关心。有一些人是受内心激情的驱使来寻求新的知识，与外界的报酬没有多大关系。对于绝

大多数的人来说，可以预料，才智之士对于社会给予科学成果的报酬以及在财政和其他方面的帮助，是会作出适当反应的。

一对相似的曲线所表示的是对发明的需求，以及为取得预期的成果而提供的人才和资财。在这里，我们更接近于市场的情况。因此，就发明来说，可以断定，与预期的成果比较起来，供应方面具有较大的伸缩性，这已为我们这个时期发明成果随着和平与战争、繁荣与萧条的交替而起伏波动所证明。但我们知道，还存在着一些本能地要表现自己创造才能的人。关于发明家的供应曲线的形态也可能反映非物质的报酬。[4]

用这种静态的供求关系来看待科学和发明，其目的非常有限。它只是想说明，在某一特定的时间里，一个社会向科学和发明投入人才的实际数量，从需求方面看，是社会对这些活动给予奖励的结果，不管这种奖励是经济的或别的性质的；从供应方面看，是这个社会的教育制度、社会的机会和社会价值标准能在多大程度上引导那些具有潜在科学发明才能的人贡献出他们才智的结果。因为，我们已经谈到过，科学和发明的成果是累积起来的，从事于这方面活动的人数是起作用的。在此，简明的论点是，如需求曲线向 136
右移动，数量就能增加，因为供应方面可能有一些伸缩性。但是，如在社会环境、社会价值标准，或者知识和哲学界发生变化的影响下，供应曲线移向右边，那么，数量也能够增加。在研究科学革命时，这两种变化，我们都会遇到。

上面谈的是一些简单的静态情况。在一段时间里，需求曲线和供应曲线会失去各自的独立性而互相影响。稳定地移向右边的需求曲线，能使整条供应曲线达到一个新的位置；它能导致献身于科学和发明的有才能的人大量增加；他们的成就又会促使他们关心和认识自己的潜力，这又会增加对他们的活动的实际需求；这就是说，它能够改变需求曲线的位置。这种动力也证明是 17 和 18 世纪发展的一个重要因素。

现在谈谈另一个基本问题：如果越来越多的有才能的人真的投身于科学和发明活动，那么，科学和发明会怎样发展呢？

我们认为，科学的进步是累积的，是为解决一些特定的问题而投入的智力和物力的数量在起作用。因此，在一个时期，某一门科学的发展可以用这样的曲线来表示：先是偶然的开始时期，收益不大；之后是收益逐步增加的时期；后来有了相当惊人的突破，用一种新的、引人注目的方法把以前积累起来的真知灼见汇合起来；然后是根据新的准则加以提高完善的时期；多投入的那部分智力和物力，最终要受报酬递减律的影响。图 2 表示的就是这一过程。[5]

137

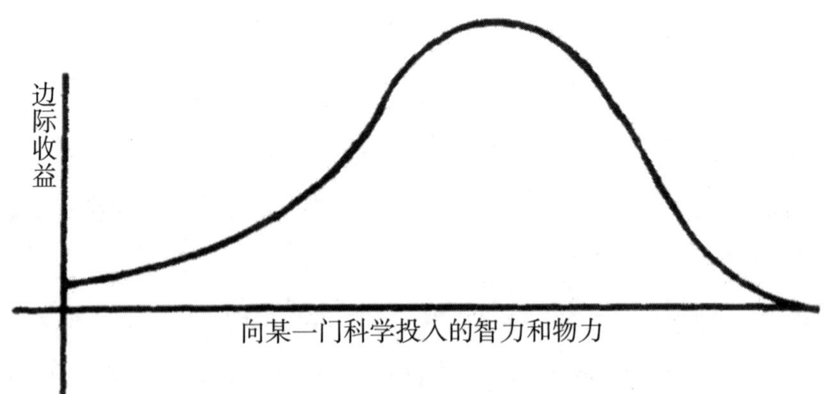

图 2　某一门科学的边际收益

就整个基础科学来说，以往三个世纪的经验还不足以使我们预测到报酬递减的现象。与经济发展中生产的过程一样，它的整个过程能够概括许多部门的变动情况，一些部门处在报酬递增阶段，另外一些部门则处在报酬递减阶段；一些部门发展迅速，而另外一些部门发展缓慢些，或者停滞不前，甚至倒退。如果世界范围的基础科学成为开发经济的巨大力量，那时从基础科学中得到的边际收益就会逐步上升（突破以平均数计算），然后在某个水平上趋于平稳。边际报酬在科学、发明以及智力和物力的其他投入形式中，大体上是相等的。图 3 表示的就是这些特点。

138

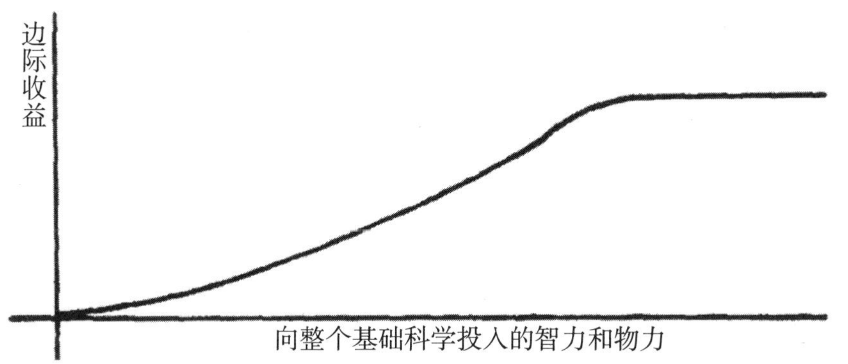

图 3　整个科学的边际收益

总的形态类似于图 2 的曲线，反映了报酬递增和报酬递减的各个阶段，能够表示出向某些特定方面的发明投入智力和物力后取得的收益，因为惊人的突破一般是在许多人的努力积累到一定程度时出现的。像图 3 那样的曲线表示的是从发明这个整体中取得的收益。

这样，我们可以把从事科学与发明工作看作是社会的一种投资形式。在知识比较自由地超越国界而流动的情况下，也可以把它看作是国际社会的一种投资形式。与其他形式的投资一样，当投入的资财总量达到一定程度时，它们似乎受某些一般规律的制约。在现代，这些规律规定了在具体部门的报酬递增与递减的阶段，使利润率保持相对的全面稳定。[⑥]

科学和发明是怎样联系的呢？最简单的设想应是：发明就是把某一门基础科学应用到实际事物中去。如果正是这样，那么，随着有关领域的基础科学知识储备的增长，经过适当的时间间隔，在
139 某个领域里，累计投入于发明的智力的生产效率就会提高。科学和发明各自按照图 2 的那种形态，经过适当的时间间隔，两者就直接地紧密联系在一起。我们将看到，科学和发明这种紧密的、自动的联系，在 16 到 18 世纪时是不能设想的。在本书的后一部分，我们还要探讨的一个主要难题是，在科学和发明之间，存在还是不存在什么样的联系。然而，为了我们的目的，对于这个争论之点，我们可以继续认定，它们是紧密地、积极地和有效地联系在一起的，而无须弄清楚这种联系的性质。

如果我们同意上述观点，那么，应该向哪一个科学和发明的领域投入智力和物力，这又是由什么决定的？用简单的经济术语来说，答案就是，人们把他们创造性的科学和发明才智用来解决那些能够取得最大利润的问题，这是由市场或者由公共权力机关决定的。我们可以正式归纳成一句话：需要是科学和发明之母。它决定某一个时期要研究的科学领域和要发明的东西，以及这种创造过程取得成果所需要的适当的时间。

虽然需要或利润本身并不能保证人类的知识和智慧会永远结出丰硕的果实，但是，这个命题所包含的有关发明的重要真理因素已为人们所承认。[⑦]需要与基础科学之间的联系还不甚清楚。现代科学（数学、天文学、物理学、植物学和化学等）发展的顺序同观察的条件以及实验和计量的工具有关。[⑧]而且，科学领域也有它们

自己内在的生活方式，参与者往往在同现实世界的需求相对脱离 140
的情况下，通过有目的的辩论和探索进行他们的工作。在不同的时间和地点，外界的需求对科学家的生活和活动能力发生作用，而且在一定程度上还影响他们的工作。但是，我们现在探讨的这种联系，与形成发明模式的那种联系相比，没有那么大的作用，而且比较疏远。

尽管科学具有半独立的性质，需要是发明之母这个命题有其局限性，但是，可以把科学知识的积累和发明的积累看作社会可资利用的一种生产储备。然而，在具有革新精神的企业家采取行动之前，科学和发明提高经济生产力的作用只是潜在的，而不是实际的。

不管在什么时期，同当时的投资额有着实际联系的已有发明的数量，能够以各种方式表示出来。最好的方法可能是更改一下大家熟悉的凯恩斯资本边际效率曲线，即在这条曲线上画一条理论上最适宜的曲线。在这条曲线里，当前的投资需求中包括了全部已有的有利可图的发明。实际曲线和最适宜曲线之间的差距，表示某一社会在某个时期进行革新的倾向。在凯恩斯的世界里，投资水平（以及发明同资本总额结合的程度）取决于利率和实际资本边际效率曲线的交点（利率是由流动资产偏好曲线和货币供应曲线的交点决定的）。[9] 这里的要点，简单地说，就是可供利用的发明成果有了一定的积蓄后，企业家的素质——愿意承担革新风险的企业家的人数——有助于决定实际投资支出的生产效率和经济
的进步。这个因素，与从事科学和发明的人数一样，也会受到在某 141
个社会、某个时期起作用的经济的和非经济的因素的影响。

某个部门的一个革新项目进行了一段时间之后会发生什么情

况呢？某一项发明成果会引起收益先增长后下降的概念(图 2)，是怎样转化为经济学的呢？这里有两个熟悉和紧密相连的表述：报酬递增和发展进程中的先导部门。

经济学家们最近又在讨论报酬递增的问题。[10] 一项重大的革新成果，不会产生一条人们所熟知的上升的供应曲线。这条曲线与下降的需求曲线相交，为我们指出价格与产量的平衡点。I. D. 伯内特运用图 4 的曲线图，对这种结果作了如下的描述："与人们的第一个印象相反，图 4 表示的是剧变，而不是平衡。例如，从 T_1 时期的 P_1Q_1 开始，工业决定在 T_2 时期扩大生产到 Q_2，这使成本下降到 P_2，这样一来，又促使工业将生产扩大到 Q_3……如此等等。唯一能约束剧变的是在积累资本、改进技术、了解爱好和培训劳动力等方面的时间间隔。"

伯内特列举了某些部门(从 T 型福特汽车到圆珠笔)迅速发展的著名事例，然后宣称："能有幸发现消费需求方面一个空白领域的企业家，就有希望进入自发发展的黄金时代。"

实际上，伯内特的供应曲线必然会从下倾转变为平行，因为任何技术突破都会降低成本，增加产量。最终，报酬不变或报酬递减
142 的阶段要出现，因为树木不会长得高入云霄，减速是不可避免的。伯内特所提到的一系列技术革新说明了这一点。

如果从伯内特所说的幸运的企业家的经历转移到采用了重大技术革新成果的某一行业所走过的道路上来，我们就能发现，经过可能的加速阶段之后，减速就成为产量增加而价格下降的正常途径。这就是西蒙·库兹涅茨所写的《生产和价格的长期运动》一书中的权威性见解。他认为：

在观察某一个国家体系内的各种工业时，我们看到，发展过程中的先导地位不断地从一个部门转移到另一个部门。这 143
种转移的主要原因看来是，迅速发展的行业不能无限期地持续蓬勃发展下去，经过一段时间之后就会放慢速度，从而被那些较晚进入迅速发展时期的行业所超过。我们观察到，在任何一个国家内部，不同的部门都是先后在发展过程中起先导作用。我们也注意到，每一个成熟的行业的增长率都明显降低。⑪

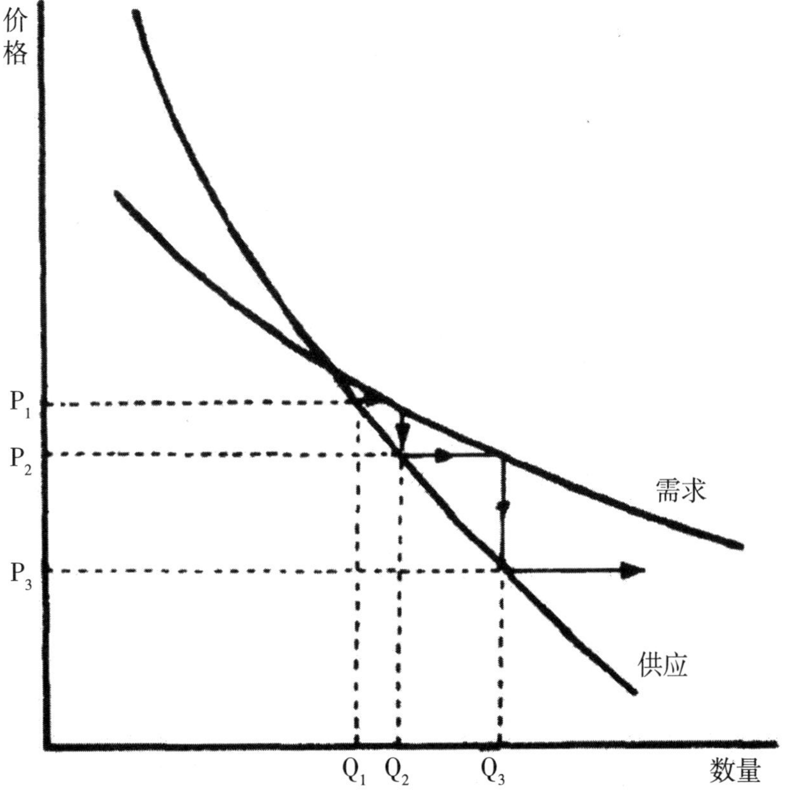

图 4 报酬递增示例

任何一个时期，增长中的经济都具有这样的特点：有一些部门正在加速发展，还有许多部门正在减速，除去短期的起伏之外，都以不同的速率，或前进或后退。这种速率大体上与上一次重大技术突破的时间有关。此次突破使这些部门进入报酬递增的阶段。一个国家工业减速的速度可以受许多因素的影响，比如，技术变革在取得最初的突破之后，会造成成本的边际下降递减；在工业经历了一次大胆的革新之后，企业家的素质会下降；国外技术扩散有可能缩小某个国家的工业在世界市场上的份额；随着消费扩大和收入增加，价格和收入的需求弹性就会减弱。

处于高增长率和报酬递增阶段的部门，向后与为它们提供机器和原料的部门相联系；在横向上，它们促进它们所在城市和地区的发展；向前它们也有联系，由于有外在因素和新出现的妨碍生产的环节，而用新的发明和革新来解决这些环节是有利可图的。因此，一个新的先导部门具有多方面的影响，这就要求把它看作先导部门复合体，而不是单一的部门。

结果，科学、发明和企业三方面的持续努力结合在一起产生出的经济效果，就是一个或者一些有影响的报酬递增事例的出现，也
144 是能够把经济提高到新的发展阶段的先导部门复合体的出现。所谓自我维持的发展，就是在科学、发明和革新三个领域进行持续不断的创造性努力，以促使新的报酬递增的事例和许多新的先导部门复合体的出现，因为原有的刺激不可避免地会丧失降低成本和扩大整个生产的力量。

我们从这种图表化的观察回到 16、17 和 18 世纪的历史，就会发现以下一些现象：很难把作用于需求方面和供应方面的力量截

然分清；科学和发明之间的关系很复杂，也难以精确地勾画出来；科学的各门学科需要经过一段时间之后才能明确区别开来；当然，在任何时期都不可能精确地衡量出科学储备和发明储备的边际生产力和平均生产力。然而，我们能够看到科学活动在增加，基础科学储备日趋深化。经过一段时间之后，我们能够发现，发明活动的增多同来自市场的压力有明显的联系，同科学界有间接的联系；再经过一段较短的时间，我们可以观察到企业家成功地利用由此而产生的潜力，以报酬递增律为基础，掀起史无前例的经济扩张活动，而且产生了第一个先导部门复合体。

三

现代科学出现的时候，无论是市场还是公共权力机构对它都没有什么明显而实际的要求。相反，哥白尼在把宇宙的中心从地球改变为太阳时，知道他会遭到嘲笑。他只在能正确评价他的成就的极少数人中间传阅他的手稿，其中有教会的上层职员。直到 145
1543 年临终时他才同意出版他的杰作。他是受内心冲动的驱使来研究宇宙的。从另一方面来说，他已经是生气勃勃、为人公认的科学界的一部分。教会允许他花费一生的很大一部分时间，作为数学家，研究天文学已经知道的东西。他生活的年代，用肉眼观察积累起来的资料已经对托勒密体系提出了挑战，他认为可以不受约束地去接受这种挑战：

> 15 世纪末形成的极其复杂的托勒密体系触动了具有数学头脑的哥白尼。那时候，正如俗话所说，必须有 80 个以上

> 的星体才能“保全面子”——就是说要解释已观察到的星体运动——即便如此，星体运动也没有完全解释清楚。在哥白尼看来，能够把一切事情做得尽善尽美的上帝是不可能造出这样一个丑陋的宇宙的。因此，他重新研究长期来一直不为人相信的“地动说”，看看是否可以在排除了星体的某些运动之后，他能够用一个比较简单的体系来解释其余星体的运动。不久他发现这是可能的。为了设计出新的宇宙，他把他的设想写在纸片上，写在书页边上，甚至写在墙上。他年复一年，不停地工作了大约 30 年，最终完成了他的方案。这不仅解释了托勒密体系所解释的一切，而且解释得更加准确，用于解释的星体只有 34 个。[12]

在随后的一个世纪，许多著名人物也同时加入了观察的行列，并竭力构思出他们一直坚持的假设。他们受他们在探求中的逻辑的驱使，力求发现在地球上和宇宙调间控制运动的规律。随着牛顿《原理》一书在 1687 年出版，一种综合他们的观察成果和一部分精辟见解的学说形成了。牛顿以优美的言词，把惯性、离心力、万有引力和关于运动的数学公式归纳为一种完整的体系。

146 与其他重大的学术突破一样，牛顿的综合性学说反映了许多才智之士先前作出的努力，而且这一学说本身就具有重大深远的影响。先前的努力有五个特点：第一，16 和 17 世纪时，试图发现宇宙和地球运动规律的那一小部分人知道他们在从事一项伟大的事业。他们知道，公认的事物运动的概念是错误的，他们挺身而出，要建立新的基本的真理。这是一场自觉的革命，能使参与者产生一种真正的热情和献身精神。他们知道，他们确实能胜任这件大事。

第二，这种努力完全是国际性的。从克拉科夫到伦敦，从斯堪的纳维亚到法国、荷兰和意大利，到处都有人从事这项工作。他们彼此了解各自的工作，互相交流，还大大得益于各种出版物。

第三，这种努力是用数学对比法进行的。这就要求他们必须清楚地阐述基本原理和各种关系，以及进行观测。他们需要望远镜和其他仪器，因而与磨镜片工人和仪器制造工人紧密合作。牛顿就是根据法国1672年的野外考察报告进行最后计算的。这个考察报告提供了有关地球与太阳之间的距离和地球体积的较为精确的测量数据。但是，他的强大影响力在于，他发现在大规模的包罗万象的观测中，数学具有一致性。

第四，科学研究的新的实验方法扩展到天文学和物理学之外，激励人们去概括它的意义。毕业于剑桥和帕多瓦大学的威廉·哈维回到伦敦后，经过精心观察，确立了心脏和血液运动的理论。然而，从17世纪初起，荷兰也在用新方法对解剖学进行深入的研究。在英国，一位不是科学家的理论家弗郎西斯·培根创立了新的实
验方法——或哲学。他隐约意识到，把理论、观测、实验和实际运 147
用统一起来是完全可能的。培根不是孤立的；这种思维和观察的新方法影响了人类活动的每一个领域。

第五，在17世纪，这种新的方法和哲学，这种对可能性的新的见解，已经制度化了，并且得到政府当局的积极支持，他们在实际运用中发现，这是增强国家力量的手段。16世纪在意大利和西班牙建立起第一批科学机构。在德国，在罗斯托克、莱比锡、施韦因富特和柏林分别于1622年、1651年、1652年和1700年建立了研

究院。英国皇家学会的第一任会长是不来梅的亨利·奥尔登伯格。它的第一批事业中有一项是与欧洲大陆的科学家保持系统化的通信往来。

皇家学会的前身是一些哲学和科学的爱好者的聚会。在伦敦,这样的聚会大约始于1645年,在牛津则大约始于1648年。这两方面的人经常往来,而且在伦敦的格雷沙姆学院定期举行会议。1660年11月28日,他们讨论建立一所学院,以促进“物理和数学的实验研究”。一年之后,查理二世表示要参加学会。1661年,皇家学会的名称第一次出现在一个出版物上。1662年,正式拟定了学会的第一个章程。1663年5月13日,皇家学会的理事会召开第一次会议。

法国科学院与英国皇家学会一样,开始也是一些民间的非正式聚会。17世纪60年代初,这个团体大约只有15位科学家,其中有帕斯卡尔和惠更斯。1666年,他们受柯尔柏的邀请,先在他家,然后在皇家图书馆聚会。1699年,它以科学院的名义搬迁到卢浮宫。开始时,它主要从事实验工作和鼓励开展几何学、天文
148 学、物理学、化学、力学和解剖学的研究。它还成为审批法国发明的官方机构。每年被批准的发明的简介可以在它的《备忘录》中找到。《备忘录》刊登在具有科学价值的学术文章中。

大约有15名北美洲殖民地的公民成为英国皇家学会的会员,其中有科顿·马瑟和本杰明·富兰克林。英克里斯·马瑟领导一个建于1683年的组织——短命的波士顿哲学学会。然而富兰克林的团体,建于1727年,却直接导致16年后美国哲学学会在费拉德尔菲亚的成立,其宗旨是:“在美洲的英国种植园提倡有益的知

识。”1780 年,波士顿建立了美国艺术和科学学院,它的建立,一部分是由于受美国哲学学会的成就的影响。这些以及其他许多学会的建立反映出科学革命已全面波及大西洋彼岸。[13]

在叙述《原理》出版之后,科学、发明和技术这三者之间的联系之前,先回过头来提出这几个问题:科学革命本身是从何而起的?科学革命是爱好科学的人们对于重新汲取古代世界的知识、对于古代世界的知识经过日积月累的深入观察而逐步瓦解所作出的自发反应,还是作为对 16 和 17 世纪现实世界的实际需求的一种反应而产生的?

G. N. 克拉克就 17 世纪的科学革命是如何发生的这个问题答复苏联学者 B. 赫森时作了恰当的说明。[14] 赫森是一个态度鲜明的马克思主义者,他认为:“牛顿是新兴资产阶级的典型代表,他的哲学具有他这个阶级的特征”,[15]“物理学的体系主要是由新兴资产
阶级作为当务之急提出的经济和技术任务决定的”,[16]“《原理》的 149
主要内容……是对物理学中所有主要问题的考察和系统的解决”。[17] 关键的物理问题都与运输、采矿和战争有关,它们包括流体静力学、流体动力学、气体静力学、动力学、力学和弹道学等领域。按照赫森的分析,牛顿不是作为科学家出现的,而是作为专门为他那个阶级解决问题的人出现的。赫森还用这种关系来解释牛顿为何会坚信宗教,他为什么未能把自己创立的学说发展为唯物主义的普遍理论。[18] 对此,克拉克作了这样的答复:

- 牛顿出身于一个正在衰败的自耕农家庭(他的法定继承人是一个劳动者),与新兴的商业资产阶级没有联系。他是人们可能发现的那种纯粹的科学家,直到他在 1696 年进皇家

造币厂。但这时他的创造性岁月已经过去。

- 牛顿从事光学研究，不是因为有利可图，而是为了改善视力，与艺术的透视法也有关系。
- 科学革命中有许多工作涉及医学、艺术和建筑学，这些都已超出资产阶级敛财的欲望范围。
- 音乐及其形式结构对16和17世纪的科学思想有过重要影响。
- 战争的问题有时与商业利益有关，但两者不能等同。战争耗费了一些科学家的思想和精力，牛顿对此是不赞同的。
- 科学“不仅仅是研究某些课题，而且是要采用一定的方法去
150 研究”。这一时代的科学家正热衷于研究实验方法。
- 宗教显然对牛顿所从事的认识宇宙的探索工作有部分促进作用，就像宗教对波义耳等的作用一样。
- 最后，“无心于私利的求知欲，愿意有条理地运用自己的智慧和无任何实际意图的内心冲动，这是一种独立和唯一的动机”。[19]

克拉克对赫森的答复，实际上是对僵硬的马克思主义体系的合理性表示怀疑。但是，他的答复同时强调了科学家与他们所处的社会有许多联系。16和17世纪，西欧有许许多多最杰出的人才投身于科学。他在解释这一现象时极好地说明了这种联系的复杂性。正如詹姆斯·琼斯爵士指出的，我们现在要解决的问题，同解释公元前4世纪的希腊和伊丽莎白时代的英国为什么伟大所遇到的难题相类似。[20]他本来还可以列举出意大利文艺复兴时期的艺术家、17世纪荷兰的画家[21]以及人类的创造才能在某一方面异常繁荣的其他时期和地方。查尔斯·威尔逊

在讲到这些现象时指出："……没有什么能比这些集体和个人的
创造性才能的爆发更难以解释的了……"[22]我不敢自以为已作
出最终的阐释，只是认为，这种情况每次都存在三种因素：有某
种需要或赞助，即使只能允许有才智和热情的人在从事他生性
喜好的工作时勉强维持生活；有同整个社会的思潮或感情，问题
或希望相关的大而新的概念；有一种任何人，无论是小人物还是
大人物，都可以学会的方法，这种方法能不断发展而不会失去它
的使用价值。社会氛围和需要的改变，以及探讨问题的方法和 151
途径的枯竭，这两者的结合就给这些黄金时代规定了时间限度。
它们的残余影响长久地存在，而有才智和天赋的人就转向别的
方面，往往是转向更加广泛的方面。

总之，16 和 17 世纪的科学革命中存在着这三种因素。《原理》出版后，科学工作没有停止。相反，可以说现代形式的科学只是刚刚开始。有更多的人采纳了哲学和目的明确的实验科学的方法。然而，18 世纪是数学、物理学和天文学提高与发展的时期。接近 18 世纪末，由于出现了拉瓦锡这样一位新的伟大的合成家，才开创了现代化学的时代。

在这里，我们关心的不是科学的历史和它的内部节奏，而是牛顿之前和之后科学同发明和革新成果之间的联系，这些发明和革新触发了英国在 1783 年之后的起飞。它们是有联系的，但是是怎样联系的呢？

四

如果我们能说明产生于基础科学的新建议同发明之间存在着明确和直接的联系，那么，分析的工作就可以大大简化了。但是，主要的事实是，18 世纪时的关键性发明并不是直接产生于这样的建议，甚至并不产生于科学家本人。皇家学会在一定程度上坚持着培根精神。这种精神对这个学会的建立起了部分的作用。1699 年 6 月，萨弗里向皇家学会展示了他设计的一辆“消防车”的模型。
152 在改进皇家格林威治天文台、1751 年改变历法、改善监狱的通风和保护船舶与建筑物免遭雷击等方面，皇家学会也发挥了作用。但是，总的来说，皇家学会自建立以后，可能是受 1689 年至 1713 年长期战争的干扰，对解决实际问题的兴趣和劲头都迅速下降了。可以说，在 18 世纪，由皇家学会促成或发展的重要发明甚至少于法国科学院。

至于同科学建议的联系，只有一种曾引起许多争论的可能性，那就是，约瑟夫·布莱克教授关于潜热的理论，使詹姆斯·瓦特考虑到用分离的冷凝器来制造一台效率更高的蒸汽机。现在，这一证据的价值只证明，这种直接的联系是不存在的，尽管瓦特在格拉斯哥同布莱克的接触很有收获。[23]莱布兰克生产纯碱的方法也是一个纠缠不清的例子。这种方法是于 18 世纪后期在法国科学院的科学家们的监督下逐步形成的。但是，吉利斯皮指出：

> 莱布兰克发明他的方法，似乎不是依靠闪现的理论洞察力，而用的是与熔化铁矿石作错误类比的办法。不仅如此，在

> 他发明了这种方法后，他自己和所有对生产碱感兴趣的工匠都没有尝试去研究或解释这种化学反应的特征。他们竭尽全力——虽然很长时间没有成功——想方设法去挣钱。就莱布兰克来说，他是第一个说服政府向他提供资助的人。㉔

因此，18 世纪的发明显然不是科学家的产物，或者说，不是简单地从科学建议中获得的。从我们掌握的直接的证据来看，它们是受过专门训练的人的产物。在 18 世纪时，这些人的数目日益增多，他们努力提高工作效率，在作坊里或在实验室里，进行大大小小的改进，但是只有很少数成果送到英国专利局，或者得到法国科 153
学院的鼓励。

然而，科学革命间接地提供了古代社会正在消失的三个因素，使经济缓慢发展的局面转变成一场工业革命。

1. 哲学的影响。首先，也可能是最重要的，是牛顿学说的综合的特性。只要把观察到的广泛现象纳入一些公认的命题中，人类就可以理解、预测和驾驭大自然。在牛顿的那个阶层里，人们可以看到上帝重新得到了美妙的肯定，牛顿和埃德蒙·哈雷就是这么做的。或者人们可以编造出物质的神学，像教皇所做的那样：

> 自然和自然的法则隐匿在黑夜之中；
>
> 上帝说了，不要打扰牛顿啦！万物顿现光明。

也许人们可以从自然规律中发现一种现象，就是不需要基督教的上帝为人类在地球上安排一个特殊的地方。而牛顿的上帝曾使一个宏伟的时钟装置转动起来，却使人类更加孤独。然而，矛盾的是，科学革命也使人类对力量和信心有了新的认识，即自然是有规律可循的，而这种知识是解决问题的钥匙，因此，在某种程度上也决定人类自己的命运。这种对力量的新认识——用戴维·兰德斯的说法,这是浮士德的观点——遍及文明的西方世界。很少人读过牛顿的《原理》一书,但是,18世纪时经过许多人的普及推广,它的鼓舞人心的信息产生了巨大的影响,有如后来马克思、弗洛伊德、爱因斯坦和凯恩斯的著作所产生的影响。牛顿的观点改变了人们观察周围世界的方法,这就以无可比拟的速度增加了发明家
154 的数量,使企业家越来越乐于采用革新成果。它也打破了统治者和官僚头脑中的陈腐观念,他们总认为,在固定不变的技术范围内周期循环是人类天生的命运。如果他们记起R.V.琼斯的妙语,就会想到发展,就会为它立法。

2.科学家和工具制造者。从较小的范围来说,构成科学革命的实验方法,通过科学家和工具制造者双方的互相联系,直接增加了发明的供应量。用威廉·詹姆斯的话来说,实验方法的严格要求迫使人们"……在不能变动和顽强的事实面前字斟句酌[25]"。在事实面前保持谦虚就需要"……为了他们自己而积极关心生活中发生的小事"。[26]科学家需要泵、望远镜、显微镜、温度计、气压机和精确的时钟。发明家和其他人也可使用这些东西。有如利利所作的结论:"……像吉尔伯特、伽利略、格里克和波义耳那样的科学家都愿意向工匠学习能学到的一切东西,并用工匠的工具来制造科学仪器。"[27]有学问的人与工匠分离的现象——这是古希腊至中世纪欧洲所看到的情况——开始消失了。我们本来应该认真看待这种联系,尽管我们只有格拉斯哥大学有才华的仪器制造者这么一个事例,然而,实际上类似瓦特那样的事例是很多的。

3.科学家、发明家和革新家。根据浮士德的观点,以实验方法

来获得最普遍的原理，从一开始就被看成是一条通往实用而有利可图的发明和革新的道路。当然，这是弗朗西斯·培根在牛顿出现之前研究的中心课题。从伽利略对造船、矿用泵和火炮的兴趣到牛顿毫无收获的炼金术来看，一些科学家直接参与了实际事务。155
由于在科学家、发明家和企业家之间逐渐形成了互相渗透的网络，培根认为科学与物质进步有联系的论点就得以增强了。例如，艾什顿是这样说的：

> 科学还没有……专门到那种程度，以至于同普通人的语言、思想和实践毫不相干。詹姆斯·赫顿是一位苏格兰的地主。他对土壤的结构产生兴趣，完全是他访问诺福克并在那里研究新的耕作方法的结果。他的新发现使他成为当时最有名望的地质学家。他的成就应部分归功于在英格兰挖土炸石修建运河的工人。像富兰克林、布莱克、多尔顿和戴维那样的物理学家和化学家，与英国工业界的头面人物有着密切的关系：他们在实验室和工场之间频繁往来。詹姆斯·瓦特、乔赛亚·韦奇伍德、威廉·雷诺和詹姆斯·基尔等人都是多面手。在皇家学会会员的名单中，有工程师、铁器制造者、工业化学家和仪器制造工。这表明这一时期科学与实践的关系是多么密切。[28]

还有其他重要的聚会场所。罗伯特·斯科菲尔德引用文件证实了由伯明翰的卢纳学会提供的这种重要联系。卢纳学会在18世纪90年代之前一直生气勃勃。[29]在曼彻斯特、德比、利物浦、布里斯托尔、利兹和其他一些地方，也都有类似的地方学会。[30]18世纪时的英国，这种联系大概要比其他地方更强固，法国和西方的其他地方也在一定程度上存在着这种联系。

因此，在18世纪，刚提出的科学建议与特定的发明之间缺少简单的可证明的联系，绝不会降低最终导致工业革命的科学革命的重要性。前面列举了科学界与从事发明和革新的人之间存在着
156 三种间接联系。这种联系作用巨大。它们好比把石墨棒从原子反应堆里抽出来，使相互作用的最终爆炸反应得以发生。例如，詹姆斯·瓦特一面否认有关他依赖布莱克教授的潜热理论的传说，一面恰如其分地评价了布莱克的间接作用。他说："虽然布莱克博士的潜热理论没有启发我去改进蒸汽机，但是，他高兴地传授给我的各种学科的知识，他为我做出榜样的正确的推理和实验方法，无疑极大地促进了我的发明……"[31]瓦特合情合理地承认，科学能够向发明家介绍物质世界的特性和他们还未掌握的方法与概念。对此，17和18世纪的吉利斯皮和20世纪美国的施莫克勒都作了概括。施莫克勒总结性地说：

> 个人的科学发现对个人的发明的影响是微不足道的，毫无疑问，原因在于典型的发明家的努力方向。即使是那些在科学和工程方面受过良好训练的人，都只面向家庭和工业中的日常事务，而不面向智力生活。然而，这并不意味着科学对于发明是不重要的，近来更是如此。这只是说明，在分析科学对发明的作用时，心理学的格式塔学派的概念体系要比机械的刺激反应学派的体系更为合适。科学的整体发展，比起科学各学科的单独发展，更能决定发明的进程。科学能够使发明家与众不同地观察事物，并且能够使他们独辟蹊径，设想出解决问题的方法。科学的整体发展就是这样决定发明的进程

的。因此，科学发展的功效通常要经过几代人才能感觉出来，而不是通过一期一期的科学杂志所能觉察出来的。[32]

总之，科学与发明在16至18世纪期间相互隔离的状态打破 157
之后，科学知识总量的增长确实与发明活动的生产率有联系，然而这种联系不像前面为了进行典型分析而假定的那样简单。

五

从哥白尼去世到《原理》出版，中间几乎间隔了一个半世纪。又经过75年之后，直到七年战争结束，英国的发明才迅速增加；又过了20年之后，这些发明的某些项目才被大规模应用到生产中去，从而引起了英国的腾飞。科学整体的发展，它的哲理和方法的推广，越来越多有发明才能的人集中精力去突破妨碍生产发展的关键问题并且求得解决，这一切都需要时间。

我们知道，就发明来说，从18世纪60年代开始，英国的状况就有了明显的改变。已批准的专利虽然只是关于发明活动的不完整的标志，但总的来说，仍是有价值的。它们的变化与我们从关于英国技术的非统计材料所了解的情况大体上是一致的(表8)。

正规的英国专利记录开始于1617年，虽然早在伊丽莎白时期就已批准专利了。每隔几年，甚至几十年，专利数就有很大变动。需要进行广泛细致的研究才能解释18世纪以前每年变动的情况，因为那些专利数对战争、对经济的波动都表现出一些有规律的反应。在18世纪，自西班牙王位继承战结束后，专利数就增加了，但
在60年代之前，没有显示出急剧上升的趋势。第二次大量增加发 158

生在 1783 年,那时,美国独立战争结束,英国开始腾飞。

表 8　每十年英国批准的专利数

1630—1809 年

1630—1639 年	75	1720—1729 年	89
1640—1649 年 1650—1659 年	4	1730—1739 年	56
		1740—1749 年	82
1660—1669 年	31	1750—1759 年	92
1670—1679 年	50	1760—1769 年	205
1680—1689 年	53	1770—1779 年	294
1690—1699 年	102	1780—1789 年	477
1700—1709 年	22	1790—1799 年	647
1710—1719 年	38	1800—1809 年	924

资料来源:B. R. 米切尔和菲利斯·迪恩合编的《英国历史统计资料概要》第 268 页(剑桥:剑桥大学出版社,1962 年)。

有一个情况是清楚的,那就是,随着 18 世纪的流逝,越来越多的英国人把注意力集中在发明上,以便申请和得到专利权。他们的发明活动涉及面很广。从这些材料我们推断不出能说明发明的需求和供应是如何互相作用的重要论点。我们只有纯结果。

从专利材料转到发生过重大技术变革的关键部门,我们可谈的事情多一些。我们可以看到,由于有明显的经济刺激,在纺织、炼铁和制造高效蒸汽机行业里集中了不少有创造才智的人。不管是否还有人类的其他动机在起作用——创造的冲动、对声望名誉的追求等——对金钱收入的赤裸裸兴趣显然是存在的,而且是重要的。

159　由于有 1700 年和 1720 年的两项法令,尤其是在西班牙王位继承战和奥地利王位继承战之间的和平年代里（1713—1740 年），棉麻混纺粗布的需求量日益增加。面对毛纺织业的不满，为积极适应日趋发展的生产这种粗布的需要，议会于 1735 年根据所谓《曼彻斯特法》，批准用亚麻纱和棉纱生产印花布为合法。这就表明，一个新的迅速发展的纺织中心确立了。1745 年之后，一些印度棉织品的质量下降了，因此，国外对英国产品的需求增加。要求设法扩大产量和生产纯棉布的压力越来越大。

在这样的环境里，相继出现了一些重要的发明：凯伊的飞梭，18 世纪 30 年代第一次使用，到了 18 世纪 50 和 60 年代织工广泛使用这种飞梭，这就进一步提高了纺纱的生产率；保罗的梳毛机，1748 年获得专利，大约于 1760 年在兰开夏开始使用；哈格里夫斯的纺纱机，可以大大提高每个工人的纺纱量，18 世纪 60 年代被采用，但是直到 1770 年才获得专利；阿克莱特的水力纺纱机，1769 年得到专利，它的出现终于使英国能生产结实的、既能当经线也能当纬线的棉纱，用这种棉纱织出的布可以和印度产品媲美；克隆普顿的“骡机”，它是集上述两种机器之长处的纺纱机。1785 年，阿克莱特的专利失效，这项新技术被普遍采用。当时的情况正如那时的一个制造商所说的那样：“从 1770 年到 1785 年，纺纱逐步发生了根本性的变化。同时，纺羊毛的完全不见了，纺亚麻纱也几乎淘汰了。棉花，棉花，棉花，变成了一种几乎可以普遍使用的材料。”㉝

这种压力越过大西洋传播到了美国。1793 年，伊莱·惠特尼，一位年轻的耶鲁大学毕业生，到南卡罗来纳州一个富裕的棉花 160
种植园主家里当家庭教师。根据他的自述，他在那里不断听到这

样的议论:“如果谁能发明一种能迅速清理棉花的机器,那对国家、对他本人都是一件了不起的事情。”他很快设想出了一种轧棉机,经过与他的雇主商量之后,用 10 天时间制作了模型。1794 年他获得了专利权。英国工业革命加快了步伐。棉花王国和奴隶制都在美国南部巩固了。1793 年,美国出口棉花不足 50 万磅;到 1800 年达到 1800 万磅;1815 年达到 8300 万磅。

这里有英国在整整一个世纪里从各产地进口原棉的增长数字(表 9)。

表 9　1695—1804 年英国,进口原棉净额前后交错的十年平均数

(单位:百万磅)

1695—1704	1.14	1730—1739	1.72	1765—1774	4.03
1700—1709	1.15	1735—1744	1.79	1770—1779	4.80
1705—1714	1.00	1740—1749	2.06	1775—1784	7.36
1710—1719	1.35	1745—1754	2.83	1780—1789	15.51
1715—1724	1.68	1750—1759	2.81	1785—1794	24.45
1720—1729	1.55	1755—1764	2.57	1790—1799	28.64
1725—1734	1.44	1760—1769	2.53	1795—1804	42.92

资料来源:菲利斯·迪恩和 W. A. 科尔:《1688—1995 年英国的经济增长》,第 2 版,第 51 页,表 15(剑桥:剑桥大学出版社,1967 年)。

缓慢上升的曲线从 18 世纪 80 年代开始急剧上升。在 1770—1779 年和 1795—1804 年期间,进口原棉净额平均数几乎增加了八倍。这就是现实生活中生产方面的报酬递增(和一个先
161 导部门)的例子。关于价格,我们缺少同样令人信服的材料,这种材料最好能包括各种品种和质量的纱和布匹。但是,我们确有一种广泛使用的棉纱的价格。它出自于贝恩斯的典型的工业史。贝

恩斯认为，这些材料明显地表明，“由于采用了机器，棉织品的价格下降了”。[34]

价格的下降是惊人的，甚至在战时通货膨胀的年代直到1815 162
年都是如此，因为这时货币工资和燃料费用都在上涨。另外，轧棉机功效很高，因此在美国独立战争和拿破仑战争的通货膨胀期间，几乎只有原棉没有涨价（见表11），而海岛棉日益增多使棉纱价格从1798年起大幅度地下跌（见表10）。

表10　1786—1832年英国100号棉纱的价格

1786	38先令	1799	10先令11便士
1787	38先令	1800	9先令5便士
1788	35先令	1801	8先令9便士
1789	34先令	1802	8先令4便士
1790	30先令	1803	8先令4便士
1791	29先令9便士	1804	7先令10便士
1792	16先令1便士	1805	7先令10便士
1793	15先令1便士	1806	7先令2便士
1794	15先令1便士	1807	6先令9便士
1795	19先令（用波旁棉花纺成）		经过多次起落之后
1796	19先令（用迪托棉花纺成）		
1797	19先令	1829	3先令2便士
1798	9先令10便士（用海岛棉花纺成）	1832	2先令11便士

资料来源：爱德华·贝恩斯：《棉纺织业史》第357页（伦敦，1835年）。

总的格局中也有例外，这很重要：条铁的价格实际上是下降了；与其他大多数商品相比，生铁涨价幅度不算太大。铁的价格变动反映出又一个同时发生的报酬递增的例子，这就是亨利·科特（Henry Cote）的搅炼和轧制熟铁的方法。经过很长一段时间的发明试验和逐步改进，直到18世纪80年代，这种方法才得以普遍应用。

在铁的方面,英国要解决两个问题:用煤代替越来越昂贵的木炭来炼制生铁;研究一种冶炼熟铁(和钢)的方法,这既可利用本国的贫铁矿,又能使加工部门摆脱对瑞典、俄国和1776年后对美国的依赖。

在生铁生产上,第一个使用煤的专利早在1589年就批准了,但是没有明显的商业使用价值。亚伯拉罕·达比(Abraham Darby)于1707年获得专利之后,经过一段时间的试验,在18世纪20年代生产出一种薄壁铸件。虽然那时用木炭冶炼的生铁价格较低,薄壁铸件仍有销路。[35]18世纪50年代初期,用木炭冶炼生铁的相对成本上涨(主要是由于燃料费增加),结果迅速改用焦炭作燃料。大约在1750年前后,只有5%的生铁用焦炭炼制;1780年上升到大约70%。但是,由于用焦炭冶炼的生铁含硅的成分很高,
164 因此,生产熟铁的精炼费用仍然很高。这就是说,生产同样的条铁,就需要更多的生铁和焦炭,其成本大约相差30%。

163 **表11　1792年和1814年部分产品的英国价格**

	原棉 (不包括税) (每磅、便士)	南部草原产羊毛 (每磅、便士)	英国产铜 (每磅、便士)	英国皮革 (每磅、便士)	小麦 (每夸脱、先令)	英国条形铁 (每吨、磅)	英国生铁 (每吨、磅)
1792年	27.1	14.4	105.0	19.0	41.2	16.1	60.0
1814年	27.5	24.8	155.0	26.3	73.9	14.9	80.0

资料来源:A.P.盖尔等人合著:《1790—1850年英国经济的发展与波动》(牛津:克拉伦登出版社,1953年)一书的附录:《英国基本统计资料》第3部分第三节(此书还未出版,密歇根州安阿伯的大学缩微胶卷馆里有此书的缩微胶卷)。

科特的搅炼和轧制技术不但解决了成本问题,而且可以在整

个生产过程中都使用煤，并使搅、锻、轧的操作合在一起。其方法是，用焦炭把生铁再加热成浆状，然后用铁棒不停地搅动，使杂质燃烧掉，接着用铁辊压轧，把剩余的杂质清除掉。科特的生产方法导致此时分散的炼铁业迅速集中，而且生产设备也扩大了。

这一技术突破对英国铁产量的影响与棉纺织业的情况差不多，也是令人震惊的。

阿克莱特和克隆普顿的发明适用于蒸汽动力。爱德华·贝恩斯观察到，棉纺织业的进步"很快就会受到限制，不能再前进，如果找不到一种比水有更高效率的动力来带动机器的话。要是所有可利用的河流落差都已被使用，那么，兰开复修建磨坊的工作就一定已经停下来了"。[36]科特的那项发明实际上需要蒸汽动力，而炼铁业已经在使用。瓦特的蒸汽机——它能比原先的水平节省一半的燃料费——因而是工业革命第一阶段的组成部分，但还完全谈不上它的长远意义。

表 12　部分年份英国生铁产量(大约数)1700—1818 年 165

(单位：千吨)

1625—1635 年	26	1788 年	70
1700 年	15	1790 年	87
1720 年	20—25	1791 年	90
1750 年	28	1796 年	125
1760 年	35	1802 年	170
1775 年	44	1806 年	250
1780 年	54	1818 年	325
1785 年	62		

资料来源：1625—1635 年和 18 世纪 20 年代的产量出自菲利斯·迪恩：《第一次工业革命》第 103—104 页(剑桥：剑桥大学出版社，1965 年)。

1750—1791 年的产量来自查尔斯·K. 海德的《1709—1790 年英国炼铁业采用的焦炭熔炼术》(1972 年在剑桥大学举行的关于英国"新"经济史讨论会上散发的油印材料)。1796—1818 年的数字引自阿瑟·D. 盖尔等人合著的《1790—1850 年英国经济的发展与波动》一书中的附录:《英国基本统计资料》第一部分表 16(此书还未出版,密歇根州安阿伯的大学缩微胶卷馆有此书的缩微胶卷)。

蒸汽机的概念由来已久,只是到了 17 世纪,英国和欧洲大陆才加强对它的可行性研究。在研究人员中特别要指出的是德尼·帕潘,他是一名法国的胡格诺派教徒。他同克里斯琴·惠更斯和罗伯特·波义耳一起工作,并在马尔堡任教。他还是伦敦皇家学会的会员。但是,第一个制造出一台勉强可以运转的蒸汽机的人是托马斯·萨弗里。他在他的家乡康沃尔的铜矿上,用这台机器从很深的井巷里把水抽了出来。1698 年,他获得蒸汽机的专利权,并在汉普顿宫把机器模型送给威廉三世。1699 年,他向皇家学会描述了这台机器。在 1707 年出版的以《矿工的朋友》这个引
166 人注目的标题为书名的小册子里,他介绍了这台蒸汽机。他的这台机器工作效率不高,有时还会爆炸。一开始就与萨弗里合作的纽科门研制出一种更适用的蒸汽机并于 1705 年获得专利。在瓦特的效率更高的蒸汽机于 18 世纪 60 年代(瓦特的蒸汽机第一次获得专利是在 1769 年)出现之前,这台有了不少改进的蒸汽机(包括装上了一个安全阀)用于矿井,并有许多其他用途。1763 年,瓦特在修理一台纽科门型蒸汽机的工作模型时,发现了过多消耗燃料的两个毛病:每个活塞运动后,汽缸里的温度就升高;由于汽缸没有被浇在上面的水完全冷却,蒸汽就不能充分冷凝。1765 年,瓦特研制分离冷凝器获得成功。他在解释这个原理时说:"为了避

免无效的冷凝，蒸汽推动活塞的容器应该一直保持和蒸汽一样热……为了能做到适度排汽，蒸汽必须在另外的一个容器里冷凝，这样，蒸汽就能按照需要尽可能地得到冷却而不影响汽缸的温度。”[37]瓦特在制造蒸汽机时，历经许多艰难，得到了两个重要的企业家的支持，先是约翰·罗巴克，后来是马修·博尔顿。1775 年，尽管伯克提出了振振有词的反对意见，议会仍把瓦特的专利延长了 25 年。由于有私人和公众对革新的支持，蒸汽机经过进一步改进之后，被精心培育成具有广泛用途的机器。大约在 1775 年，起先在瓦特和博尔顿设在由后者建立于伯明翰的索霍工场的基地里使用。它最初用来抽水，然后用于鼓风炉和其他金属制造业，最后在纺织、面粉和麦芽磨坊、陶器以及制糖等行业使用。最初，它还有一种用途，就是提取塞纳河河水以供给巴黎的夏约区。瓦特的专利于 1800 年到期，这时，大约有五百台瓦特蒸汽机在工作。经历了多次的财务兴衰变迁之后，博尔顿的信念得到了证实，瓦特成
了富翁，现代工业奠定了最重要的长远基础。动力费用大幅度下 167
降的近期效果以及蒸汽机可以设置在任何场所的灵活性，给许许多多的工业生产方法带来了革命性的结果。

因此，在 18 世纪的英国，在棉纺织、炼铁、蒸汽机制造以及在农业、化学和运输业，我们看到两种情况，既有为取得可能的利润而持续进行的发明活动，又有一大批愿意承担革新风险的企业家。从博尔顿和瓦特的事例中，我们观察到，如果把需求与供应强行分离开来，就会出现一些无法理解的现象。要是没有博尔顿的资本、耐心、机智和想象力，瓦特的发明很有可能夭折。企业家的需求对于发明家的供应起着关键作用。总之，发明家作出反应的规模和

具有革新精神的企业家的数量，以错综复杂的方式互相影响。事实证明，经过长期的努力，它们足可以促使导致英国腾飞的先导部门运行起来。

六

正如我们所看到的，科学革命是一种欧洲普遍存在的而不是英国独有的现象。科学革命的推广也是如此。伏尔泰和欧洲大陆的其他人物为推广科学革命发挥了积极的作用。商业革命对整个西欧产生了深远的影响，而且这种影响还波及到东方。欧洲各国充满生气的重商主义政府都在建立全国市场，引进和保护当时能够得到的最好的技术。哈巴库克总结说："18 世纪中叶前后，欧洲一些工业区在技术水平和组织的性质方面，彼此没有多大差别：萨克森、西里西亚是德国的矿区，乌拉尔是冶金和金属加工中心，丝绸工业在里昂，纺织品生产则在巴塞罗那。"[38]

168 为什么在 1760 年前后英国的发明速度加快了？为什么在 18 世纪 80 年代英国具有欧洲大陆不能与之相比的革新规模呢？对欧洲好多国家都可以提出这样的问题，而最切合的是法国，因为无论从时间上还是从以往的经历来看，它最可能成为英国工业的竞争者。

表 13 列举了两国在 18 世纪的一些基本经济数字。

这些数字说明了以下一些情况：

· 法国有较多的人口，但两国的人口都在增长，而英国增长得更快一些，尤其是在 18 世纪中叶之后。

- 两国都日益城市化，英国的发展速度更快，但是法国的城镇人口一直是英国的两倍或更多一些。
- 在1780年之前，法国对外贸易比英国增长得快，总水平与英国相当，尽管它的起点非常低；贸易与人口的比例（以及 171
  与国民收入的比例）要低得多。
- 直到1780年，法国的铁产量高于英国。
- 英国于1783年之后迅速发展，在这之前，法国棉花消费量的增长幅度与英国基本相当。应该指出，虽然能与法国“1780年”水平（1786年是1100万磅）相比的精确数字是1910万磅，但这是在英国经济起飞之后才达到的。
- 全面的生产指数显示出这个表的普遍意义，证实了弗朗索瓦·克鲁泽充分阐述的事实。[39]引用这些生产指数应谨慎。尽管英国在17世纪发生了内战，尽管柯尔柏以及他的前任和继任人作出了努力，英国还是领先于比它大的法国。法国从17世纪90年代开始遭受了严重的经济衰退。从18世纪20年代至1783年，法国从衰落的基点上起步，相对地赶上了英国。此后，两国都在发展，而英国发展的势头大些，但是在革命和战争时期，法国又遭受严重挫折。

至于按人口平均的收入，无论是根据各种记载，还是根据印象或是计算，英国都要比法国富裕些。这是一个预料之中的结果，因为英国城市人口比例比较大。格雷戈里·金计算出1688年荷兰的按人口平均的收入为8英镑1先令4便士，这个更加城市化的国家在人均收入方面居于首位。英国的人均收入为7英镑18先令；法国是6英镑3先令。[40]根据这种估算，英国和法国相差28%。

约在一个世纪之后，亚当·斯密计算出来的顺序也是如此。

表 13　18 世纪法国和英国基本经济资料

	法国			英国		
	1700 年	1780 年	1800 年	1700 年	1780 年	1800 年
人口[a]（百万）	19.25	25.6	27.4	6.9	9.0	10.8
城镇人口[b]（百万）	3.3	5.7	6.4	1.2	2.2	3.2
外贸[c]（百万英镑）	9	22	31	13	23	67
铁产量[d]（千吨）	22	135	—[g]	15	60	190
棉花消耗量[e]（百万磅）	0.5	11	—[g]	1.1	7.4	42.9
农业生产[f]（1700 年＝100）	100	155	177	100	126	143
工业生产[f]（1700 年＝100）	100	454	700	100	197	387
总产量[f]（1700 年＝100）	100	169	202	100	167	251
按人口计算的平均收入[f]（1700 年＝100）	100	127	142	100	129	160

注解和资料来源：

a. 法国人口数字引自 J. C. 图坦的《1700—1959 年法国的人口》，见《应用
169 经济科学研究所手册》增刊第 133 期第 16 页（巴黎，1963 年 1 月）。1780 年的数字是根据 1776 年的数字估算出来的。1800 年的数字是根据 1801 年的数字推算的。英国的数字，包括英格兰、威尔士和苏格兰，引自菲利斯·迪恩和 W. A. 科尔合著的《1688—1959 年英国的经济增长》第 2 版（剑桥：剑桥大学出版社，1967 年）第 6 页，分别为 1701 年、1781 年和 1801 年的人口数。1781 年苏格兰人口 144 万是推算的数字。

b. 法国的城镇（2000 人以上的城镇）的人口数引自图坦的《1700—1959 年法国的人口》一书第 54 页。1780 年的数字是根据 1791—1796 年期间的增长率粗略推算出来的。英国的数字引自迪恩和科尔合著的《1688—1959 年英国的经济增长》一书第 7 页，是按人口超过 5000 的城镇人口与总人口的百分比估计出来的，而且作了更改，加进了人口在 2000—5000 的城镇人口数。当然，更改不是一件容易的事。迪恩和科尔估计，1801 年，大不列颠 5000 人以上的城镇的人口大约占总人口的 25%，而威廉斯估计，在同一年，英格兰和威尔士超过 2000 人的城镇的人口约占总人口的 40%。如果苏格兰的数字在构成上类似于英格兰和威尔士的，那么，这就表明，大不列颠有 15%的人口居住在人口在 2000—5000 的城镇中。另外，威廉斯估计，1801 年有 15%的人口居住在 2000—20000 人的城镇中。这个数字似乎比较准确些。法国数字出自勒迪克·德布莱恩维里埃写的《法国概况》（伦敦，1752 年），W.鲍登等人合著的《1750 年以来的欧洲经济史》（纽约：美国图书公司，1937 年）一书第 6 页曾经引用。法国数字表明，在 17 世纪后期，人口超过 2000—5000 的城镇人口大约只有 5%，18 世纪也没有多大变化。因此，我就在迪恩和科尔的比例数中加上了 5%（不是 15%），计算出城镇的总人口数。

c.法国 1700 年的数字是阿诺德根据 E.勒瓦瑟的《法国商业史》第一部分：《1789 年以前的商业》（巴黎：权利与法新书店，1911 年）第 512 页，以每 25 利弗尔兑换 1 英镑比率计算出来的 1716—1720 年的平均数。这个数字略高于马尔霍尔估算的 1720 年的数字（70 亿英镑）。1780 年和 1800 年的数字用的是《统计词典》（伦敦：乔治·劳特利奇和森斯出版社，1892 年）第 128 页马尔霍尔的统计数。英国的数字引自伊丽莎白·B.舒彼得的《1679—1808 年英国海外贸易统计资料》（牛津：克拉伦登出版社，1960 年）第 15—16 页。它们与马尔霍尔的数字是一致的。

d.英国 1700 年的数字是根据 1720 年 17350 吨的估计数（迪恩和科尔：《1688—1959 年英国的经济增长》第 22 页，包括注 3）推算出来的，然而有人估计，1720 年的产量高达 25000 吨。马尔霍尔统计的 1700 年英国铁产量只有 12000 吨（《统计词典》第 332 页）。法国 1700 年和英国 1800 年的数字都是马尔霍尔的统计数。英国 1800 年的产量与 1806 年的 250000 吨这个比较合理的数字大体上是一致的，因为那时的炼铁业发展得非常快。1780 年法国和英国铁的生产都是弗朗索瓦·克鲁泽和皮埃尔·莱昂对 18 世纪 80 年代（“革命的前夕”）的估计数。克鲁泽的估计数刊登在他的《18 世纪的英国和法国：两国经济发展的对比分析》一书中，J.桑德汉默翻译，收录在 R.M.哈特韦尔编辑的《英国工业革命的原因》（伦敦：梅修因出版社，1967 年）第 151—152 页；莱昂的估计数见《从 18 世纪初至今作为经济发展因素的法国工业化》一文，收在《代表大会和讨论会》的第一部分（向 1960 年 8 月在斯德哥尔摩召开的经济史第一届国际会议提交的论文，1960 年分别在巴黎和海

170 牙出版)第 177—178 页和第 198 页。莱昂的估计数表明,1789 年的产量大约是 60000 吨,到 1800 年,由于战时需求的刺激,产量猛增到 100000 吨。马尔霍尔 1800 年的数字(60000 吨)要比莱昂的数字低得多,从其含义看来也低于克鲁泽的数字。马尔霍尔有关英国 1790 年的数字(68000 吨)相当于克鲁泽的数字。

e. 英国棉花进口净额是引自迪恩和科尔的《1688—1959 年英国的经济增长》第 51 页 1700—1709 年、1775—1784 年和 1795—1804 年各自的平均数。法国 1780 年的数字引用的是克鲁泽的《18 世纪的英国和法国:两国经济发展的对比分析》第 151 页中的 1786 年数字。英国 1780 年的数字是1910 万磅,这时的棉纺织业已进入迅速发展的阶段,法国是无法与之相比的。法国 1700 年的数字是马尔霍尔 1688 年的数字(《统计词典》第 160 页),估计在法国经济史中这一多灾多难的时期,棉纺织业没有发展。

f. 关于法国的情况:雅 · 马尔捷夫斯基在《1660—1958 年法国经济发展的几个方面》(见 1961 年 4 月出版的《经济发展与文化变化》第 9 期第 375—376 页)中的计算结果被改成指数,以 1700 年为 100,以便与迪恩和科尔在《1688—1959 年英国的经济增长》第 78 页的计算数字作粗略的比较。马尔捷夫斯基(第 376 页)用两种方法来计算实物产品总额。一种方法是假设 1905—1913 年期间农产品和工业品的价格关系;另一种是假设一种动态关系,以每 20 年工农业两个部门的当时价格加在一起的平均值来衡量。表 13 用的就是根据前一种方法计算出来的数字。后一种方法得出的增长率要高一些,比率如下:总产量分别为 100、260、341;按人口计算的产量为 100、196、239。我不打算对这样大的差异作出裁决,只是想说明,法国经济在 17 世纪末至 18 世纪初出现了严重衰退,这就使增长一直延续到 18 世纪 80 年代这一事实,比刚看到的时候更为可信。但我的总印象是,马尔捷夫斯基的第一种方法有点缩小了法国 18 世纪的全面增长,而第二种方法则有点夸大了。不管怎样,法国的增长总之是有些夸大了,因为 1780 年的指数是 1781—1790 年的,1800 年的指数是 1803—1812 年的。正如前面(第二章)已经指出的那样,马尔捷夫斯基对农业增产的计算结果(根据图坦的材料)是有争议的,大家都认为增长过多。

g. 在 18 世纪 90 年代,法国经济恶化了,而且直到 19 世纪初的 10 年还未恢复。1800 年的数字几乎可以肯定低于 1793 年之前曾达到的最高水平。

根据这种情况,解释为什么第一次腾飞发生在英国而没有发

生在法国，通常强调英国的需求水平高一些，尤其是对大量消费的 172
棉纺织品的需求。由于没有足够的资料，对于这种论点有时还加上这样的印象，在英国，富裕地主和城市中产阶级为一方，贫苦农民和城市无产阶级为另一方，双方收入分配比较均匀，两极分化小一些。对于这一点，称之为不可知论是合适的。因为，在18世纪的英国确实有一大批非常富裕的人。有时，有人会以人口的变化来增强这种论点。在18世纪初的几十年内，英国的实际工资增加了，那时粮食有剩余，人口缓慢增长。但是，这种相对的繁荣导致18世纪后半期人口增长。这被看作是增加需求的一个积极因素，尽管价格的上涨压低了实际工资。

在迪恩和科尔的《1688—1959年英国的经济增长》一书中，有一种更为精巧的关于需求的论点。[41]他们认为，18世纪后半期，英国农产品价格相对上升（部分原因是人口增加），尽管压低了城市的实际工资，但是使农业的收入增加了，这就促进了国内工业的发展。随之而来的英国进口增加，也使英国的一些重要市场增加收入，这就刺激了英国的出口。而英国的纯易货贸易和总易货贸易条件发生了不利的变化，又加强了出口猛增的趋势。《1688—1959年英国的经济增长》一书得出这样的结论："看来……是有一些一看就认为证据确凿的事例能说明这种观点：工业品国内市场的扩大同农业社会的命运紧密相关，而出口贸易的发展则有赖于海外初级产品生产者的繁荣。"[42]

即便按这种假设本身的说法，我们也有理由提出疑问。假设 173
某种长期的力量在起作用，提高了英国国内需求的水平（显然由于人口增加），那么，世界经济中被断定为与英国进口关系最密切的那一部分会产生短期收入效应。短期收入效应起因于英国进口费用的增加，反过来又同英国国内的贸易条件有关。实际上，我们知道，在北美洲殖民地、西印度群岛、爱尔兰以及欧洲大陆的大部分国家，它们的生活有其本身的动力，其中包括使人口和收入长期增长的力量。如果对战后经济复苏的情况逐年加以审查的话，就可以清楚地发现，英国出口的增加并不像迪恩和科尔设想的那样，要等待英国先增加进口，给海外提供更多的收入，以便他们有钱购买英国货。战后出口迅速恢复到新的高水平，反映出一些潜在的发展力量一直在起作用，而和平的到来，把这种力量解放了出来。

因而，以全面的需求水平为理由来解释作为工业革命的特征的技术突破，是没有说服力的。因为，正如我们所了解的，18 世纪大部分是地域性经济发展的时期，从北美洲殖民地，向东经过欧洲直到中国，各地都在发展。18 世纪 20 年代至 80 年代，当然是法国发展的一个非同寻常的时期。如果有人想用一些勉强的事例来加强这种论辩，那么，又该怎样解释苏格兰人作为发明家和革新家在他们的国家却发挥出不同寻常的作用呢？他们的国家，据阿瑟·扬指出，按人口平均的收入低于法国。

所以，我们转过来研究方程式的供应这一面——科学、发明和革新之间的互相作用，造成报酬递增事例中供应曲线急剧变化而
174 向下倾斜。英国对法国的优势，主要表现在这种错综复杂的网络中，绝不是体现在英国的科学优势上。无论在当时还是回顾过去，18 世纪的法国科学水平被判断为至少相当于，而且很可能超过英国，在发明的质量（不是数量）上，法国也相当于或超过英国。彼得·马塞厄斯认为：

> 18 世纪法国科学发展和发明的成绩是非凡的。贝托莱第一个向世界揭示了氯有漂白的功能；瑞典化学家谢勒于 1774 年第一个把它离析成气体，随后法国作出了重大努力促进了氯的制造。勒布朗利用盐和硫酸生产碳酸钠的过程与上述情况也很相似。在染料的生产上法国也做了非常高超的工作；还有清漆、珐琅以及许多其他技术和材料。但是，在 1780—1850 年期间，法英两国以化学的发展为基础的工业增长率却有明显的差别。在土木工程方面，几乎所有的关于结构、应力和设计技巧的理论工作都是法国人做的。但就经济发展而言，这种情况，甚至在这些方面的革新，似乎与发展的速度没有多少关系。动力工程和流体力学的情况也是如此。[43]

但是，正如我们所了解的，要使发明获得成功，关键是要有一个持续不断的过程，它包括许多人的智慧和劳动，逐步把创造性的灵感转变为一种可以使用的、经济上有利可图的工具。一位 17 世纪的英国作家在评论发明家的典型的甘苦顺逆的遭遇时，恰如其分地描绘了他们那种艰辛的、不屈不挠的努力：

> 现在在 100 项(发明)中没有一项经受住了这样的磨难。那些闯过了难关的发明，也终归由于他人的各种修改而发生变化，以致任何人都不能自称独自完成了整项发明，也不能清楚区分出各自发明的那一部分。而且，这通常是一项极其长 175
> 久的工作，因此贫穷的发明家或者死了，或者为债务所困扰而不能继续工作；此外，还要被辱骂为投机者，更糟的是，还受那些出钱与他的智力合股的人的责难，因此，这样的发明家及其

打算就完全消失了。[44]

英国有一个优越于法国的重要条件：英国人口较少（城镇人口也少），在18世纪却培养出较多的人才，从事那种缓慢而又长期的完善发明并使之得出成果的工作。1766年，瑞士一个从事布匹印染的人，表示赞同迪福关于法国在发明方面的优势的论断，他写道："谁都知道，这个国家（英国）在克服各种障碍时的勤奋和顽强毅力是人们想象不到的。他们没有多少发明值得夸耀，但是，他们引以自豪的是完善了别人的发明。由此产生了这样的格言：要是有一件完美的东西，那一定是在法国发明而在英国制成的。"[45]

虽然专利数仅仅反映发明进程的部分情况，但是，18世纪时两个国家在发明活动规模上的差异，从表14的数字中表现出来了。

这些数字代表的只是那些最突出最重大的成果。这两个国家授予的专利以及批准的发明的年平均数，在18世纪下半叶都增加了，但是法国没有英国增长得快。从18世纪最初10年到1788—1792年期间，法国的年平均数大约从6增加到22；在同一时期，英国则从2增加到63。甚至在英国腾飞（开始于1783年后）之前，从18世纪的第一个10年至70年代，英国就增加了14倍。从另一个角度说，在18世纪初，英国的年平均数只有法国的1/3，到了这个世纪的后期，它的数量大约比法国高出三倍。在英国经济起飞的推动下，这一差距就进一步扩大了。

我们现在转到企业家素质和革新这个问题上。法国对发明的
177 应用需求是不是要弱于英国？是否由于法国企业家的进取心不强，导致法国的发明没有能迅速涌现出来，如表14所粗略衡量的

那样？

表 14　18 世纪英国和法国授予的专利和批准的发明的年平均数 176

年份	英国	法国	英国可比较的年份
1702—1711	2		6
1712—1721	5		7
1722—1731	10		10
1732—1741	5		6
1742—1751	9		4
1752—1761	10	—	—
1762—1771	23	(1760—1769　7	21)
1772—1781	31	(1770—1771　10	25)
1782—1791	54	(1789—1792　22	63)
1792—1801	72	(1796—1798　8	69)

资料来源：英国的数字来源于 B. R. 米切尔的《统计词典》第 268 页；法国的资料引自谢尔比·T. 麦克洛伊的《18 世纪法国的发明》（肯塔基州列克星敦：肯塔基大学出版社，1952 年）第 192—193 页。

注解：麦克洛伊的数字（遗憾的是，该世纪后半叶的数字不完整），1754 年之前的引自加隆校订的科学院批准的发明记载；1773 年之前的来源于科学院备忘录和法国研究所于 1794 年建立后的档案。麦克洛伊指出，加隆的数字与备忘录有差别，但差别不大。由于战争和政治不稳定，1796—1798 年的数字显然下降了。1789—1792 年的数字则比较准确地反映出战前法国发明积极性（和工业活动）高涨的情况，所代表的只是巴黎一个地区的发明（见麦克洛伊的书第 193 页上的注）。麦克洛伊的结论（第 194 页）是："这一世纪的后半叶，不仅发明的数量多于前半叶，而且在后半个世纪还有许多真正有意义的发明。"他还全面论证了 18 世纪前半叶战争对于批准发明数减少的影响。这种影响也反映在英国的专利统计数中。

说到政府，可以肯定地说，法国政府要比英国政府积极。[46]法国的发明家一般可获准15年的开发专利权，而且常常还能得到从数百利弗尔至15000利弗尔的津贴或资助。伟大的昆虫学家雷米尔曾得到过15000利弗尔。他发展了制造纸、钢和瓷器的重要见解，还发明了一种温度计。地方行政官和巴黎政府当局有时也是积极鼓励发明的。18世纪后半叶，当觉察到英国在酝酿新发展的时候，法国政府增强了对发明的兴趣，发明的速度也加快了。从1760年起，它积极搜罗英国的发明和专家，尤其是纺织方面的。于是，大量的人员和机器越过英吉利海峡进入法国。约翰·霍尔克为此做了一定的工作。他本是流亡的詹姆斯二世党人，后来成为法国的代理人。杜尔哥在国民政府执政的短暂时期（1774—1776年），尤其积极地用奖金和津贴来鼓励发明。他的后任在随后的25年继续执行他的政策。在这些年，法国许多地方出现了民间学会。1776年建立第一个学会，其名称虽然长了一点，却很准确地表达了这些学会的总意图："为鼓励旨在以伦敦为榜样改进技艺与工艺的发明而展开竞赛的自由学会。"在私人企业家的素质方面，与英国相比，法国的弱点是严重的。麦克洛伊的结论说："18世纪法国的民间企业应比政府受到更多的指责，因为它们没有促
178 进发明。"[47]法国的企业家能够为大规模的有利可图的事业筹集资金，但是，他们没有表现出英国企业家那样的革新热情。

就某些重要部门而言，可以这样说——而且已经这样说了[48]——法国对于革新的经济压力小于英国。根据这个观点，法英两国的企业家都是同等精明的最大利润追求者，但是英国企业家面临的问题和机遇，需要他们更为急迫地采用新技术。

关于铁，法国确有较充足的木材来烧木炭，而煤的资源不是很

丰富，保存这一种资源而开发另一种资源的意识当然就比较差。至于蒸汽机，一个名叫德尼·帕潘的法国人可以说是蒸汽机的发明人。可是，法国没有遇到像英国那样急需要解决的矿井排水问题。这个问题却逼迫萨弗里和纽科门去发明蒸汽机，也逼迫着一些人急切地把纽科门的发明投入使用。帕潘所思考的只是汽船，而这个法国人确实于1783年首次建成汽船。英国需要抽水机，更多的是出于迫不得已，而不是出于空想。甚至在农业方面，也可以说法国对技术改革也不那么迫切。它的人口增长率和城市化的速度都低于英国。而且，由于农业产量的大幅度增长，法国在18世纪后期粮食自给的程度比英国高，并且建立起分配制度，从而在大部分地区消除了17世纪末和18世纪初一直困扰政府的那种饥荒。阿瑟·扬反复指出，18世纪法国所走的道路，是公共企业家精神的产物，大大优越于英国所走的道路。

英国很早就把煤用作工业燃料。正是这个事实使一种看法增
添了巨大的分量。这种看法最早是约翰·内夫提出的。他认为， 179
在1540—1640年期间英国在把煤用于工业的基础上发展了制造业，这为它在18世纪在技术上领先于法国奠定了基础。后来的分析大大贬低了内夫的这种关于工业革命前情况的看法。但是，J. R. 哈里斯在有独到见解的就职演讲中重新阐述了内夫的看法，只是重点和时间有些不同。[49]首先，哈里斯认为，在1640年前后，与煤有关的工业一直在持续发展，没有出现明显的中断。第二，他明确说明，至关重要的过程就是出现了工业把煤用作燃料的技术，涉及许多不同的方面，包括火炉和汽锅、坩埚以及精细地区分煤的品种的知识。此外，不同的行业如果要用煤作燃料，就需要进行一

些创造性的改进。这种改进往往很小,但意义重大。就是所有这些缓慢的、日积月累的复杂变化,使英国从依赖先进的大陆技术的地位,上升到18世纪初的相对领先的地位。尽管法国企业家有较充足的木炭供应,但在18世纪,他们常常得到政府的鼓励,试图获取英国的燃煤技术。但是,这种努力不成功,或者说见效缓慢,原因是法国的厂主、工头和工人都没有掌握有效地消化这种技术所需的全套技能。零敲碎打是不可能迅速地学会这种技术的。

英国金属制造业的发展,为这种论点增添了力量。当时英国金属制造业生气勃勃,善于应变,部分地面向北美洲殖民地迅速增
180 长的需求。金属制造业的经验,显然为机器制造业的兴盛开辟了道路。机器制造业的发展是18世纪末期英国工业迅猛发展所必不可少的。

我们把英法两国的煤和煤对各方面产生的影响进行比较,就碰到了经济史上典型的难题。19世纪后期,德国的工业要比法国工业较有生气,这应归功于德国鲁尔所处的位置呢,还是由于法国企业家的能力差呢?俄国起飞较晚,这难道是农奴制和专制政府的后遗症,或者是在顿涅茨煤田与克里沃罗格铁矿区没有铁路连接之前,它缺乏实现工业化所必需的充足的能源基地?可变因素不是完全独立的,因此选择答案的工作很复杂。如果鲁尔在法国的国土上,那么法国企业家的能力和工业结构就会按别的方式发展。如果俄国的煤田与铁矿区相邻,政府的经济政策就会不同于19世纪中期50年的政策,甚至农奴制有可能取消得更快。

我承认内夫和哈里斯的论点有其合理性,然而,我倾向于特别重视那些决定英国发明活动和企业家作出努力的规模的因素。总

之，英国出现了用煤作燃料的技术，是对木炭价格比较高的一种创造性反应。我相信，英国社会对 18 世纪出现的经济挑战和机会作出了反应。正是这种反应的能力，才造成这种差别。

这个观点在棉纺织业发展史上表现得最为明显。棉纺织业最终成为一个迅速发展的先导部门，涉及本行业之外的一些因素，包括机器制造能力和蒸汽机。但是，海峡两岸这一新工业的发展，是 181
这段历史中关键的和可以辨别的部分，而且非常能说明问题。

不管英法两国按人口平均的收入的差别曾经有多大，从 17 世纪后期开始，法国显然是一个棉纺织品的巨大的潜在市场。这个市场绝对比英国大，而且从 18 世纪 20 年代开始，随着人口的增长、收入的提高，还在继续扩大。18 世纪初，印度棉布被形容为“法国夏娃姑娘非常喜爱的禁果”。[50] 据说，那时约有一半的法国人穿棉纺织品。事实上，直到 1757 年这种爱好始终不衰，这一年政府终于废除了屡遭走私冲击的禁令。

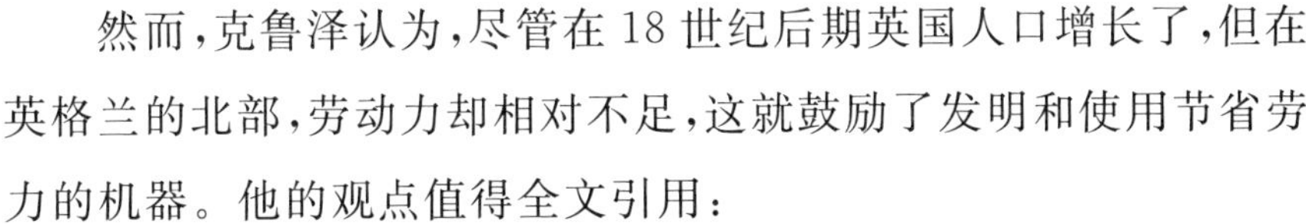

然而，克鲁泽认为，尽管在 18 世纪后期英国人口增长了，但在英格兰的北部，劳动力却相对不足，这就鼓励了发明和使用节省劳力的机器。他的观点值得全文引用：

> ……直到 18 世纪中叶，人口增长仍很缓慢。虽然后来开始加快增长，但还得经过好多年之后，劳动力市场才可能有大批劳动力，到那时候，需求又再次增加。因此，在 18 世纪前期，工业区里劳动力相对缺乏，那里的货币工资急剧上涨就可以证明（英格兰南部没有这种情况）。
>
> 制造商因而面临着劳动力费用高而且不断上升的状况，这使像棉纺织业那样的年轻工业尤其感到困扰。实际上，棉

> 纺织业只有靠挖老工业的墙脚才能扩充它的劳动力。因此,在18世纪50年代,要满足对棉纺织品迅速增长的需求,尤其是满足向殖民地出口的需要,确实是困难重重。然而,到了18世纪60和70年代,需求量稍有减少,而生产成本的提高
> 182 确实构成了危险。这时必须降低劳动力费用,因而必须发明和使用节省劳力的机器。因此,影响英国工业的劳动力相对不足,看来是刺激革新的最强有力的因素之一。不仅棉纺织业情况如此,其他一些行业也是如此。[51]

英国18世纪60和70年代的棉花消费量比50年代增长得快(见表9),除了这一事实之外,我对这种解释还有怀疑,理由有三。第一,欧洲在生产棉纺织品时必须解决的最关键问题不是经济上的,而是技术上的:如何用机器来生产能用作纬线的棉纱,以取代混纺布中的亚麻和其他纤维。根据早在18世纪30年代的发明和试验,阿克莱特最终用滚筒纺纱的办法解决了这个问题。第二,法国发明家在纺织机械方面取得的成绩以及法国政府广泛鼓励纺织方面的发明和引进英国技术,这些事实并不能得出这样的判断,法国有丰富的劳动力,因而使这种革新无利可图。必须记住,法国棉纺织业在18世纪也是生气勃勃的。正如沃兹沃思和曼所得出的结论:"因此,到1760年,法国至少已经出现了比英国棉纺织业已经出现的任何制度更为完善得多的'工厂'制度。它也可以获得物美价廉的原料(从法属西印度群岛),而且已经进入向英国制成品开放的同类的市场。"[52] 1760年之后,为了得到和应用正在迅速出现的英国新技术,法国作出了最大的努力,但成效不大。第三,18世纪英国的经历本身可以证实约翰·怀亚特对1736年情况的分

析，那就是，在棉纺织业中使用机器可以增加而不会减少就业。[53] 183
曼彻斯特和其他纺织中心不同寻常的发展表明，劳动力的供应解决了。人们得到的印象是，英国的发明家和企业家们正在努力设法解决技术问题，以提高棉布的产量，提高的幅度大大高于使用现有的技术和增加劳动力所能设想得到的程度。

贝恩斯说："虽然棉纺织业发展非常迅速，但是，要不是发明了某种用同样的劳力生产更多更好的纱的方法，它绝不能获得如此大的发展而成为国家非常重要的工业。"[54]由于在 1760 年前后使用了约翰·凯伊的飞梭来织布，纺纱更成了关键性的薄弱环节。在需求迅速增长的情况下，这种不相称的状况就会造成这样的危险，即棉纱价格过高，使"产品成本大大高于其他制成品"。[55]然而，发明家和棉纺织业的革新家的目标不是要在原有的制度下压低工资，而是要改革制度。在采用机器，或生意不景气的时候，制造商感受到的公众的压力不是由于害怕降低工资，而是由于对失业的恐惧，或者说就来自失业的事实。

克鲁泽的以及在这里阐述的论点都认为，18 世纪英国和法国的关键性的差别不在收入水平和需求方面。我们都认为，在 18 世纪里，英国不同于法国的，是它进行更大规模的发明活动来解决关键的技术难关，将近世纪末有更多的企业采用这些发明成果。18
世纪充满生气的企业家对于发明都发挥了鼓励的作用。作用有大 184
有小，这两个过程并不是完全独立的。这种规模上的差别似乎要大于按人口平均收入、城镇人口的数量，或者科学与发明成果的质量的不同所能造成的差别。克鲁泽倾向于用英国人面临更严厉的挑战来解释这种差别。英国人面临的挑战，与法国人面临的挑战相比，更迫切需要技术革新。我倾向于从另外一个角度来寻求答案。

七

无论在什么时候，发明和革新只是社会中的边际活动。与总人口相比，从事这方面工作的人很少。当极少数有发明才能的人热衷于他们美好的设想，而且在偏僻的作坊和临时实验工厂同困难、挫折拼搏时，生活仍然继续着，形式依旧，技术如故。只有革新引入了经济的较大的新部门之后，回顾过去，发明家和革新家的成就才能为人们普遍理解和赏识，才能在历史上享有重要地位。例如，直至18世纪80年代，或者更晚一些时候，毛纺织业——不是棉纺织业和炼铁业——曾经是英国工业中的巨人。

研究18世纪英国发明和革新的学者早就注意到，英格兰新教教徒和苏格兰长老会教徒在萌芽期的发明和革新活动中发挥了异乎寻常的作用。艾什顿在一篇文章中，对这种情况有一段精彩的叙述：

> 发明家、设计家、实业家和企业家——在迅速变革的时期很难把他们区分开来——出自社会的各个阶层和国家的四面八方……（但是）人们常常注意到，在英国，工业的发展同不信
> 185 奉国教的团体的兴起历史地联系在一起。17世纪，聚集在基德明斯特的理查德·巴克斯特周围的清教徒中有弗利派、克劳利派和汉伯里派，他们打算在诸如斯塔福德郡、达勒姆和南威尔士等相距很远的地方建立他们庞大的组织。在随后的一

个世纪里，公谊会会员在面粉加工业、酿造业、制药业和银行业的发展上发挥了突出的作用。教友派的达比、雷诺、劳埃德和亨茨曼的家族在迅速变革的时期掌握了钢铁工业的命运。在工程学方面，有托马斯·纽科门那样的浸礼会教徒和詹姆斯·瓦特那样的长老会教徒；在炼铁业，有独立派的教徒，如约翰·罗巴克、约瑟夫·道森，还有教友派教徒；在棉纺方面，在包括麦康内尔家族和格雷格家族在内的唯一神派的教徒。而在棉织方面，塞缪尔·克隆普顿，一位最伟大的发明家，是伊曼纽尔·斯维登堡的信徒，人们还能记起，他本人也是金属和采矿技术的权威。工业界人士中还有南威尔士的格斯特家族，他们从约翰·韦斯利的教义中吸取力量……当时最伟大的发明家詹姆斯·瓦特，出生于苏格兰，帮助他安装机器的八个助手中有七个也来自苏格兰。约翰·辛克莱爵士、托马斯·特尔福德、约翰·麦克亚当、戴维·穆谢特和詹姆斯·博蒙特·尼尔森把他们苏格兰人充满活力的思想和性格引入英国的农业、运输和炼铁业。苏格兰高地和低地的居民步行到兰开夏的棉区，其中有不少人就停留在一个叫乔本特的小村庄。在那里，有个名叫坎南的同乡安排他们到各个中心城镇去，这样，他们就有了发挥各自才能的机会。在那些南下从事纺织业而发迹的人中有詹姆斯·麦古福格、詹姆斯·麦康内尔、约翰·肯尼迪、乔治和亚当·默里，以及不仅在兰开夏，直到今天仍受尊敬的约翰·格拉德斯通和亨利·班纳曼。他们这些移民不是没有文化的农民。有一些是牧师的后代，即使那些社会地位比较低下的人至少也在他们本村或当地市镇的学校

里受过良好的初等教育。[56]

关于革新，有人已经饶有兴趣地给艾什顿的判断配上了粗略的统计数。[57]艾什顿列举 92 人为制造和运输业的企业家，埃弗雷特·哈根调查了其中 71 人的宗教信仰或倾向。在这些企业家中，
186 苏格兰人占 24%，比苏格兰人在总人口中的比例几乎多 1/2。英国新教教徒在英格兰和威尔士总人口中占 7%，而在艾什顿列举的英格兰和威尔士企业家中占 41%。这一比例相差悬殊。哈根还注意到，有相当一部分属于圣公会教徒的企业家（出名的有博尔顿），由于受新教教义的影响，成了宗教的叛逆者。

如果对发明家进行分析的话，也完全有可能得出类似的比例不相称的情况。

现在摆在我们面前的是超出重商主义、商业革命和科学革命之外的另一部分历史。新教教徒在英国经济中崛起的背景就是欧洲附近的这个岛国的全部历史：面对罗马和西班牙、荷兰和法国的连续挑战，它逐步形成具有自我意识的国家。直到 1688 年，它经历了严重的和流血的国内冲突，而后和解了。这一进程影响了政治、社会和宗教生活的基本法则。人们可以观察到，在 17 世纪末期的大西洋西岸，清教徒的热情从神学转向市场："和解的精神"（用 H.A.L.费希尔的话）融入光荣革命中，促成了 1707 年与苏格兰的联合。

有不少著作想从宗教改革的有些自相矛盾的神学理论中，寻找出新教教徒热心于经济活动的原因。威廉·配第早就觉察到；以后的经济史会证实传统社会中具有创造才能的少数人的作用——从英国的新教徒到日本的武士。他们不能升官晋爵，却可

以受教育和赚钱。他们发现，从事现代化的活动是他们的志趣所在。在“任何国家的商业主要是由异端派别经营的”为题的一节中，配第写道： 187

……可以看到……在每一个国家和政权里，最积极经商的，都是当地的异端的教派以及与公认的准则持不同见解的人：（就是说）在印度，在伊斯兰教被认为合法的地区，信奉印度教的班尼亚人是最重要的商人。在土耳其帝国，从商的是犹太人和基督徒。在威尼斯、那不勒斯、里窝那、热那亚和里斯本，经商的是犹太人和不是罗马天主教徒的外国商人……即使在法国本土，胡格诺派教徒在比例上大商人最多。不可否认，在爱尔兰，正因为罗马天主教是不合法的，因此，天主教徒经营了很大一部分的商业。由此可见，商业不是固定由哪些教派经营的，而是如前所说，是由整体之中异端的那部分经营的。在英国所有最重要的商业城镇，这种情况也是真实的。[58]

艾什顿在分析18世纪新教教徒这种不寻常的作用时，特别强调了苏格兰和新教教会学校的教育质量。这些团体对他们的年轻人进行教育的性质和质量，肯定符合他们的教育观；他们把受教育看作是一种获得社会地位的途径，如果他们走传统的道路是得不到这种社会地位的；他们认为，把传授知识同解决教堂和国家以外的现实世界出现的问题紧密结合起来是可能的，这种结合要比牛津大学和剑桥大学的结合更为密切。他们希望他们的孩子在这方面有所作为。

现代史初期的宗教问题和引发英国1688年革命（和1685年

法国取消南特敕令)的全部因素,都直接与第一次工业革命的发源地有关系。在从事发明和革新的创造性活动中——直接从事这些
188 活动的人数本来就不多,而人数又极其重要——英国出于非经济的原因,偶尔发现了解决它的宗教问题和苏格兰问题的办法,这就大大加强了它在竞赛中克服腾飞障碍的力量。柯尔柏意识到法国社会中异教团体在经济上的重要性,保护了他们。路易十四则决定统一宗教。这使法国在竞争年代遭受了双重损失。胡格诺派教徒增强了英国、荷兰和德国的创造能力;他们的出走削弱了法国在关键的时期和事实证明是关键的方面同英国竞赛的能力。

法国社会没有完全使潜在的发明家和革新家灰心丧气。尽管王室专制制度和凡尔赛宫的形象不佳,18 世纪的法国社会还是在进步,还是有相当多的提拔晋升机会。例如,法国发明家中的绝大多数人,从学徒起就得到培训,接受一定的科学方面的教育,从小镇、村庄和农村被吸引到大城市中,而且出身于中产阶级。[59] 如果没有一批富有朝气的企业家作为骨干,法国的生产就不可能有从 18 世纪 20 年代起的那种发展。但是,英国新教教徒们为新技术的产生和应用作出了巨大的努力,这是庞大的法国无法相比的。在我看来,他们是一支重要的力量,而法国在 1685 年把他们排挤掉了。

我们还有两个有趣的难题。法国与英国相比较而存在的那些政治和社会的抑制因素,荷兰和美洲殖民地都不存在。在 18 世纪的绝大部分时间里,荷兰按人口平均的收入大概高于英国;美洲殖民地的人口以惊人的速度增长,人均收入高而且可能还在提高,如果亚当·斯密的理论是正确的话,还完全有可能超过英国。既然

如此，为什么工业突破没有发生在荷兰或美洲殖民地呢？

在需求方面，荷兰和美洲殖民地的国内市场显然都小于英国 189
和法国，尽管荷兰人长于做出口生意。为了防务需要，荷兰人还背上了格外沉重的税务包袱。另外，在发明家和工业革新家的供应方面也存在问题。荷兰的企业家把精力都倾注在巩固其国际贸易的地位上，而当英国和法国的崛起限制了荷兰的贸易发展时，事实上，他们就全部转向金融业，而不是工业。[60]这个事实可能就是问题的答案所在。北美洲殖民地农业和国际贸易的收益令人垂涎，因而扼制了工业发明能力和企业家素质的提高。当然，英国的殖民地法规就是要阻止北美洲大多数制造业的发展，但是，1780 至 1806 年的美国经济史表明（参见本书第 184—187 页），这可能只是个影响很有限的因素。与英国相比，荷兰和北美洲凭借企业家的素质获得的效益不多，而法国，由于企业人才的供应减少，尤其是在棉纺织业方面，因而未能充分利用已经出现的发明成果和有利的市场环境。

190 第五章 1783—1820年的世界经济：综述

一

以上对1783—1820年世界的分析有两个目的，第一，考察重商主义的国内政策、商业革命的科学革命的互相作用，怎样在欧洲和北美洲殖民地产生了类似经济起飞先决条件的经济现代化的进程；第二，考察长久以来在许多地方出现的不规则但逐渐累积的互相作用的进程，怎样在18世纪60年代前后在英国达到它的临界点，因而出现一连串突破性的发明创造，并且从80年代起，这些发明创造又被迅速应用于工业的。在棉纺织工业和铁制品工业中，可以观察到报酬递增的两个典型情况：瓦特的蒸汽机这项降低成本的技术突破，得到了广泛的应用，对工业的布局和工厂的最佳规模发生重大影响；在它的繁衍发展中，棉纺织工业急剧发展，成为
191 第一个先导部门综合体，与经济有着四面八方的紧密联系。1785—1802年期间，出现了第一次起飞，开始了现代经济的发展。

英国在18世纪最后20年的情况表明，工业化的工作已经改变了性质。吉利斯皮指出："在纺织业，甚至在冶金业，给法国企业家指路的不是科学研究，而是英格兰人和苏格兰人。"① 俄国以至美国等国家的情况也是如此。尽管有禁止技术出口的规定,尽管有些企业严防泄漏生产过程的特殊技巧,有知识的人和新的机器还是超越了国界。于是,追随者就有可能向领先者学习。发明创造以及基础科学,成了国际性事业,所有能够吸收新技术的国家都得以扩大自己的潜力。

英国的成就构成了一种挑战,并立即得到应战。18 世纪 80 年代,法国、加泰罗尼亚、瑞士和萨克森的棉纺织业,由于仿效英国用机器纺棉纱,得到了迅速的发展。美国,这个正在根据联邦条款争取自立的新国家,也更深刻地感受到了这种挑战。美国人以阴郁的心情阅读洛德·谢菲尔德勋爵名为《对美国与欧洲及西印度群岛贸易的考察》的小册子。1783 年,巴黎承认了美国的独立。小册子的作者为了安慰英国,宣称如果这个新独立的国家处在英国的航运体系之外,其前途是暗淡的。他还断定美国不可能建立大规模的制造业。美国发明家伊莱·惠特尼时期(1789—1792 年)的耶鲁大学曾讨论过这样的问题:“国家的安全难道依赖于本国工业的发展?”亚历山大·汉密尔顿在《关于 1791 年制造业的报告》中阐述了一种永恒的原理,即有志气的、比较不发达的国家往 192
往感受到比较先进国家的重压:“……不仅国家的财富,而且国家的独立和安全看来都与制造业的发达有着实质性关系”。早年,美国在外交上未见成效,疆界上出现了危险,而且新殖民地的经济依赖性继续存在,所有这些加强了汉密尔顿的观点。虽然这种观点使杰斐逊提出相反的看法,即美国应该是由坚强的土地所有者以农业为基础建设起来的国家,避免工业化对人和社会的损害,有些损害当时已经觉察出来了。

假如其后 30 年能保持和平，英国的领先地位肯定还能持续一段时间。18 世纪取得的进步，在 18 世纪 80 年代明显加快了，在此基础上，欧洲大陆和美国有可能利用保护关税来迅速缩小它们在新技术和工厂体制方面同英国的差距。然而，英法战争在 1793 年爆发了，一直进行到 1815 年，只是在 1802 年稍稍停顿了一段时间。

法国革命和拿破仑战争影响了几乎全世界的贸易区，即欧洲、北美洲、拉丁美洲、非洲和远东的经济和政治生活。在欧洲，对各国的影响很不相同，主要的影响是：有一个时期，英国实际上垄断了欧洲以外的贸易；新技术推广的速度减慢，其速度低于在和平年代所能达到的水平。1815 年恢复和平，英国作为一个贸易国的经
193 济实力和技术水平，优于欧洲大陆国家，两者的差距竟然比 1793 年还要大得多。然而，美国也许是个例外。

欧洲有巨大的差距需要缩小。正如戴维·兰德斯所说的，19 世纪的欧洲经济史大部分可以说是面对英国挑战的历史。

根据上述观察，本章的目的是简要论述 1820 年前后世界经济情况。当时，战后初期的调整已经过去，比较发达的国家面临的中心经济任务就是：以原来比较低的水平为起点，吸收 18 世纪后期出现的技术以及当时不断出现的新技术。由于受英国腾飞的影响，人们的思想和他们的社会的各种制度已经不可挽回地发生了变化。发明和革新在历史上第一次形成比较经常的、源源不断的现象。

二

表15说明从18世纪80年代起到战后,英国生产和贸易增长的数量以及增长的主要阶段。这种增长一直持续不断,只是从1802年到战争结束,增长的速度有所减缓。

英国的棉纺织业和炼铁业,在1806至1815年期间,虽然遇到种种困难,又与美国发生冲突,因而减慢了增长速度,但是,产生革命的势头还是显而易见的。砖的指数和木材进口量的变化准确地反映出,战争时期需要这些材料,在战争结束之前,高利率抑制了住房建设和国内大多数基本设施的建设。在从1806年的柏林法
令起至1813年大陆封锁的瓦解这段时期里,拿破仑的大陆封锁严 196
重影响了英国控制的海上贸易,但是,对外贸易的数字表明,再出口和棉织品出口起到了维持英国贸易地位的作用。

表15　1783—1820年英国经济发展表 194

项目	1783—1785	1790—1792	1800—1802	1814—1816	1818—1820
霍夫曼统计的全部工业生产(不包括建筑业)1913=100[1]	2.9	4.2	5.6	7.1	8.1
原棉进口(官方价值,百万英镑)[2]	0.4	0.9	1.9	2.8	5.2
生铁产量(千吨)[3]	62(1785)	90(1791)	170(1802)	—	325(1818)
木材进口(官方价值,百万英镑)[2]	0.3	0.4	0.6	0.5	0.6
上了税的砖(百万块)[2]	359(1785)	756	639	737	1001

续表

贸易					
进口(官方价值,百万英镑)[2]	14.9	19.5	31.6	31.1	33.4
195 本国产品出口(官方价值,百万英镑)[2]	11.0	16.7	28.3	37.6	38.2
再出口(官方价值,百万英镑)[2]	4.1	5.9	18.2	16.2	10.5
棉花出口(官方价值,百万英镑)[2]	0.8	1.7	6.8	19.3	21.1
钢铁出口(官方价值,百万英镑)[2]	0.6	1.2	1.6	1.7	1.5

资料来源:

1.沃尔瑟·G.霍夫曼:《1700—1750年的英国工业》,W. H.查洛纳和W. O.亨德森翻译(牛津:巴兹尔·布莱克韦尔公司,1955年)。

2.B. R.米切尔和菲利斯·迪恩:《英国历史统计资料概要》(剑桥:大学出版社,1962年)(作为实用经济学论文的一部分重印)。

3.1783—1791年期间的数字引自查尔斯·K.海德的论文:《1709—1790年英国钢铁工业使用焦炭的情况》(1972年在英国剑桥大学举行的关于英国"新"经济史讨论会上散发的油印材料);1796—1818年期间的材料引自阿瑟·D.盖伊尔等人合写的书《1790—1850年英国经济的兴衰》一书中的附录:《英国基本统计资料》第一部分,表16(此书还未出版,但在密歇根州安阿伯大学缩微资料馆里存有此书的缩微照片)。

尽管发生了战争,英国工业仍继续发展,但发展不是战争造成的。在战争年代,资本用于与工业革命没有关系的方面:用于大量提高农业产量,以便在连年歉收和进口困难的情况下供养急剧膨胀的人口;英国几乎垄断了再出口贸易,需要大笔开支来建造和维修用于作战、护送和运输再出口商品的船舰以及从事这种宝贵而不正常的贸易所必需的码头和仓库;支付战争费用,不仅要维持自己的军队,还要维持盟国的军队。在18世纪末19世纪初,英国政府的支出总额几乎占国民收入的 1/3。

英国经济在 1783—1792 年的和平时期取得的成绩和 1815 年之后 30 年间经济增长率的提高，说明战争阻碍了英国工业的发展，使它未能达到它本来可以达到的发展速度。[2] 在 1803—1815 年的动乱年代里，情况也肯定如此。然而，英国依靠在 1783 年之后的 10 年间形成的发展势头，利用其海军控制了海洋而获得的贸易优势，使它的经济在战时的 20 年间得到了巨大的发展，并继续输出纺织、冶金和蒸汽机的新技术。这是值得重视的事实。

三

经济的发展，从历年的情况来看，显然受到了军事行动的影响，受到英国与拿破仑、美洲国家和其他一些国家的贸易斗争的影响，还受到 1808 年西班牙革命等政治事件的影响。西班牙革命开 197
辟了拉丁美洲经济和政治史的新篇章。在欧洲大陆上，经济史也受到了欧洲划分和重新划分政治地图的影响。

尽管受这些痛苦的、外来的事件的影响，但是，在下一个世纪反复出现的两种形态已经在这些年里形成了。这两种形态就是商业周期和不同趋势时期的现象。

从 1783 年开始、1792 年达到高峰的英国经济发展时期，是第一个现代商业周期。这是一个温和的周期，从 1784 年的谷底缓慢地上升，1787 年达到顶峰，随后，1788 年出现短暂的下降，接着连续四年大幅度上升。18 世纪(或者更早)，对外贸易存货周期比较短，这种状况一直延续到 19 世纪。但是，18 世纪引起商业涨落起伏的主要因素，是农业收成和战争的运气。[3]在18世纪80年代，尤其是1788年到1792年间，长期投资显著增加。这正是棉纺织业和炼铁业迅速发展的时期。工业的发展，往往是刺激向城市住房和其他基本设施投资的主要因素，但是，工业投资本身在全部投资中的比例几乎总是比较小。18世纪80年代，开凿运河、修建公路、建造房屋、圈围土地和改良土壤，从规模上讲，是投资的主要对象。砖的产量是当时投资状况的最好指标，在1785—1792年间几乎翻了一番。所有这些导致英国的出口繁荣，市场主要集中在美国、英属西印度群岛和亚洲。1792年，种种迹象表明，发展已接近顶峰：价格、工资和利率在上升；中央银行的储备吃紧；人们开始怀
198 疑信用贷款是否发放合理，这主要针对发展迅速而脆弱的乡村银行。[4]这种状况本来就经不起风险，1793年2月因英法战争的爆发而恶化。

1793年危机过后出现的经济波动形态反映出两种周期性的升降互相交织：一种是对外贸易存货周期，平均约四年为一个周期；另一种是长期投资周期，平均约九年为一个周期。这两种周期汇合在一起，就会产生一系列的大周期和小周期，它们贯穿战时和战后时期，见图5。

与英国关系密切的市场——主要是美国——同时经历了涨落起伏，但是幅度不一定相同。

199 还有一些因素影响英国经济和国际贸易，使之超出了商业周期的限度。伦敦四磅面包的价格，1792年为6 $\frac{1}{4}$便士，在歉收的1800年为17 $\frac{1}{2}$便士。在19世纪初，三年平均的面包价格约13

便士。

战争爆发时,正好是英国从 18 世纪 60 年代后期粮食的勉强自给转变为需要经常进口的时期。在 1811—1821 年间,它的人口年增长率为 1.7%,达到了历史最高水平,超过了本国农业增产的能力。各国对粮食的需要量增加了,而粮食供应变化无常,运输费和保险费昂贵,这就影响了食品价格。结果,在整个世界贸易区,农产品价格长期居高不下,压低了城市工人的实际工资。对于农民和从农产品价格和地租得到收入的人,这是一个相对繁荣的时期。相对价格和收入分配的这种变化,从 1815 年以后改变了方向。尽管变化方向无规律可言,但大约有 30 年的时间朝反方向发展,即食品比较便宜,实际工资趋于上升,农民则不满。接着,这种长周期重新出现,从 19 世纪 40 年代后期到 1873 年是上升阶段,随后下降,直到 19 世纪 90 年代中期;以后又重新出现,从 19 世纪 90 年代的上升点,转变为 1920 年的农产品相对价格的急剧下跌,这种情况持续到 30 年代。一个不那么明显的上升周期,从 20 世纪 30 年代中期开始影响世界经济的曲线,直到 1951 年朝鲜战争行将结束时相对价格下跌为止。此后 20 多年,世界各国的农民抱怨贸易条件不利。到 20 世纪 70 年代初期,他们可能又进入了一 200
个有利趋势时期,而城市工人的实际工资又长期受影响。这一次有可能还会遇到部分地区发生难以解救的饥荒,因为这些地区的人口增长正在造成世界农业体系难以应付的困难。

在这有限的篇幅里叙述这一长串的事实,其目的是要强调,在这关键时期,作用于英国和其他国家经济的种种力量是复杂的。这个时期不仅发生了第一次产业革命,而且发生了战争和贸易斗

争，出现了周期性的起伏，其中，长期投资发生了新的更为剧烈的变动。对城市居民来说，这是艰难困苦的时期，因为人口不断增长，给有限的耕地和农业技术带来很大压力。

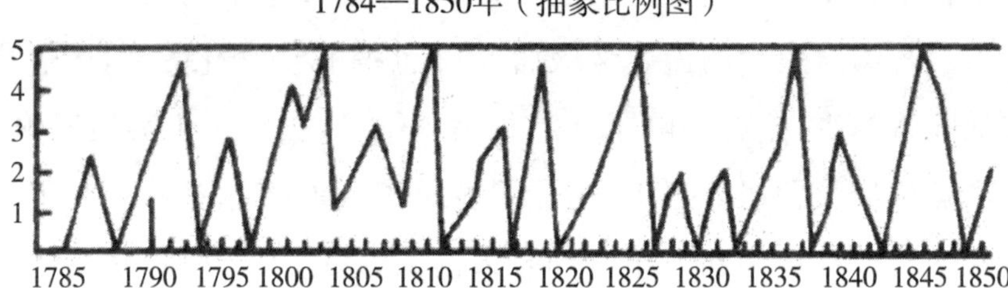

图 5　英国商业周期形态

注：关于本图的构成以及所依据的资料和分析引自 A. D. 盖伊尔等人的著作《1790—1850 年英国经济的兴衰》第一卷（牛津：克拉伦登出版公司，1955 年）第 342—356 页。增加了 1784—1790 年的周期形态。大小周期的年份如下：

大周期：1788—1793 年，1797—1803 年，1808—1819 年，1819—1826 年，1832—1837 年，1842—1848 年；

小周期：1784—1788 年，1793—1797 年，1803—1808 年，1811—1816 年，1826—1829 年，1829—1832 年，1837—1842 年。

四

美国经济曾一度受益于这种新的贸易环境，也从中受到了损害。

美国从独立战争结束到 1788 年之间经历了不均衡的复苏时期。其后，由于新宪法的实施，出现了贸易发展时期，直到 1792 年。1788 至 1792 年间，英国向美国的出口增加了一倍多，从 170

万英镑上升到410万英镑,就是这种繁荣的反映。美国1793年的衰退,与英国的相似,为期短暂。英法战争的爆发,轧棉机的应用,当时都促使美国的出口明显扩大,而且出口商品价格大幅度上升。出口商品有粮食、海军补给品以及产量迅速增加的海岛棉。美国是中立国,法属西印度群岛向它的船舶开放,因此,它也大量从事 201
再出口贸易。在战时的繁荣阶段,美国船舶的总吨位增加了七倍多。美国的周期形态与英国的大致相近。1797年出现了短暂的衰退,然后在1802—1803年,在亚眠和约之前,出现过繁荣和衰退。当时,名为戴维·麦克弗森的英国人说:"这样一来,在欧洲发生的战争,倒成了美国的金矿银矿……表面财富的突然泛滥,势必带来一种与农业和商业繁荣极不协调的生活方式,而且改变人们的思想,破坏人们纯朴、节俭的作风。在这之前,这种作风曾使美国人在欧洲有识之士的心目中受到尊敬。"⑤

值得注意的这10年的贸易数字如下:

表16　1792—1803年美国的对外贸易(百万美元)

年份	美国商品的出口	再出口	进口
1792	19	2	32
1796	32	26	81
1797	24	27	75
1801	46	47	111
1803	42	14	65

资料来源:美国商务部编辑的《美国历史统计资料》(华盛顿政府印刷所1960年出版)一书的第538页。

美国还出现过延续到1806—1807年的比较短暂的贸易发展

时期。这是在英国枢密令颁布、拿破仑给以反击和杰斐逊下令禁
202 运之前的事情，这三者都对美国不利。在这之前，美国曾有过可以称之为杰斐逊繁荣的时期。这繁荣虽以农业为基础，却引起了航运业、银行业和商业的大发展。尽管已有了向这些行业投资的资金，但要把英国新的工业技术应用于生产，还为时过早。1790 年，塞缪尔·斯莱特完全按照英国的方法，成功地建立起美国第一家纺织厂，但是，直到 1807 年从英国的进口急剧下降之后，这个工厂才得到比较快的发展。18 世纪 90 年代，汉密尔顿在新泽西建立纺织厂的实验失败了。在贸易繁荣的年代，美国的纺织业仍然是主要以老式方法生产的国内工业。在这一时期，美国出口自己丰富的农产品，进口英国的制成品，而且进口量不断增加。

另外，亚当斯总统和杰弗逊总统意识到美国在军事上存在着不利因素，决定不再依赖从国外进口武器，而支持埃利·惠特尼和军火工厂中有才华的人，使用当时比较精密的动力机床大量生产零件通用的枪支。1798 年，惠特尼获得了第一份合同。不到 10 年，他或多或少实现了他的设想："……机床自己就能完成工作，使每个零件都合规格——一旦实现，就能迅速、标准和精确地生产出整件产品。"这种设想转变为现实，并且大量生产它所预想的机械产品，主要是在 1815 年之后才实现的。但是，生产新式枪支这一件事足以说明美国当时制造机器设备的能力。

杰斐逊的禁运使美国进入了汉密尔顿主张的发展时期。尽管在 1809—1812 年美国的贸易有所恢复，但是，整个 1807—1815 年期间是禁止贸易的时期，是战争的时期，因而工业有了巨大的发
203 展。斯莱特建立棉纺织厂的经验得到了推广。1814 年，弗朗西斯·

卡伯特·洛厄尔也利用英国的技术,在沃尔瑟姆建立起一家织布厂,使用动力织机。1790 到 1808 年期间,美国建立了 50 家棉纺织厂。1809 年,又建造了 87 家,纱锭从 8000 个增加到 31000 个。到 1811 年,纱锭已达到 8 万个。美国其他的制造业也利用减少同英国贸易的有利时机获得了发展。恢复和平之后,这些企业却面临巨大的困难,许多企业倒闭了。不过,战争后期已经为工业奠定了基础,因而新英格兰能够在 19 世纪 20 年代出现地区性的腾飞。它主要是利用美国自己制造的机器大量生产棉织品。1831 年,美国共有 795 家棉纺织厂,120 万个纱锭。工业化正在顺利发展。

美国从欧洲的冲突中还得到一些好处。1803 年它购买了路易斯安那,开辟了西进的通道。美国 1815 年之后的发展表明,农业的扩大和工业的发展,起先是对应的,从 19 世纪 50 年代起,就齐头并进了。

五

法国的战争年代对欧洲大陆的长远影响,远远超过对美国的影响。英国军队占领华盛顿的时间不长,而拿破仑的军队以及他们遍及欧洲的战场,在欧洲各国的记忆、态度和政策中留下了深刻的印记。法国革命思想广泛流传,普鲁士、西班牙、意大利和俄国
反拿破仑的民族主义力量逐渐增强,分散的德意志邦国组合在一 204
起和重新组合,这一切对欧洲的社会及其经济产生了深远的促进现代化的影响。在法国也有同样的情况。尽管恢复了君主制度,而拿破仑强化法律,制定税收制度和教育政策,建立国家银行,改

革行政制度，从巴黎直接控制各省，所有这一切都使得 1815 年的法国比 1789 年甚至 1799 年的法国更加现代化。

从较狭窄的范围看，情况也是如此。战争的经济影响，在欧洲比在美国更为深远。尽管 1807—1814 年间美国出现了短暂的创造性的工业发展，但终究还是返回到起点，即大西洋经济的重要组成部分，它的南部地区以棉花同英国工厂建立起紧密的关系。此时，西欧与大西洋的关系却长久地破裂了。

不论西欧或英国，把贸易扩大到西半球和远东是 18 世纪的主要特点。[5]在战争的第一阶段，来自欧洲以外的货物继续进入欧洲大陆。英国经汉堡运出大量的再出口货物。美国作为一个中立国则允许直接从事运输。但是，美国船只回程时装运的通常是英国的制成品，而不是欧洲大陆的制成品。因此，从阿姆斯特丹到巴塞罗那和马赛的弧形区域里，整个航运、加工和制造业的基础都削弱了。在战争的第二阶段，从海外输往欧洲大陆的货物减少了。1803—1807 年，汉堡实际上已不再是货物集散地了。在这种情况下，英国设想通过以下途径来解决运输问题：在波罗的海，经吕贝克和但泽；在地中海，经的里雅斯特和威尼斯（直到 1805 年才得到许可），并把直布罗陀、马耳他、希腊作为中间站。但是，它只取得
205 了局部的成功。1807 年之后，欧洲大陆沿海大城市的商业、航运和制造业的活动实际上陷于停顿。在法国波尔多的大街上，杂草丛生，这是事实，也是一种标志。从 1808 年起，西班牙和葡萄牙逐渐丧失了它们的美洲帝国，对他们来说，这是永久的失败。1808—1810 年，英国以拉丁美洲为主要市场的出口迅速发展，这表明经济实力发生了变化。

在实行大陆封锁的时期，工业有了某些补偿性发展。这与同一时期美国工业发展的情况相似，都不能正常获得英国的出口产品，工业实际上受到高关税的保护。前面已提到，在1793年之前，欧洲大陆国家非常积极地引进英国棉纺织品加工技术。法国、阿尔萨斯地区、瑞士、萨克森地区、奥地利、比利时和荷兰都在原有基础上取得了迅速发展。1811年，英国有490万个纱锭；到1815年，欧洲大陆已拥有150万个纱锭，其中1/3在法国。[⑦]新技术的应用，已不限于纺纱，而且已经有能力制造纺织机械。在战时，欧洲大陆的工业遇到严重的困难，如长期缺少棉花和基本建设费用过高等。克鲁泽认为：

> 假如没有战争，假如仍然与英国保持关系，假如采用了适当的保护措施，欧洲大陆的经济和技术很可能会发展得更快些。但是，战争爆发了……事实上，那时，棉纺织业是具有战略意义的部门，唯有它能迅速发展。它最适宜于用机器生产，而所需投资甚微。棉纺织业的发展和技术的改进，为引进新技术，为培训工业和管理人员掌握机器生产的技艺和熟悉工厂制度，提供了最好的条件。而且，它还是机器制造业得以发
> 展的唯一可能的基础……总之，在拿破仑战争期间，棉纺织 206
> 业，尤其是机器纺纱，已经在欧洲大陆深深扎根，因此，进一步奠定了实现工业化的基础。实际上，欧洲大陆工业革命开始于1800年前后，那时各国同时建起了机器纺纱厂……[⑧]

欧洲大陆的毛纺织业发展缓慢一些，但在技术上也取得了一些重要进展。化学工业有所发展。老的亚麻纺织业严重衰退。生铁的生产相对来说停滞不前。金属加工业有进步。

总的情况是，法国的工业生产在18世纪90年代下降之后，开始回升，在拿破仑时期，即1810年，达到比18世纪80年代高50%的水平。[⑨]但是，在帝制行将覆灭的最后几年，工业生产处于停滞状态，不少在战时诞生的企业在和平的前夕倒闭了。这种情况与美国相似。然而，直到1830至1860年期间，棉纺织业始终处于法国工业发展的领先地位。1830至1860年，法国重工业的兴起和铁路的铺设，使它的经济开始腾飞。[⑩]英国于18世纪80年代最先在技术上处于领先地位，这使它在战时实际上垄断了棉纺织品的海外市场，因而它的棉纺织业同欧洲大陆的棉纺织业相比，在经济上更为重要，具有更强的扩散能力。欧洲大陆国家的国内市场虽然受到保护，也没有给它们的棉纺织业提供足够的条件，使之成为促进经济起飞的主要行业。撇开战争对欧洲大陆港口城市造成的影响，撇开英国商业、加工制造业和再出口业的均衡发展，与其他因素相比，正是英国控制国际棉纺织品贸易这个因素，使欧洲
207 大陆国家在战后很长一段时期处于不利的地位。直到欧洲大陆国家修筑了铁路，兴建了炼钢、化学和电力工业，在经济和技术方面与英国不相上下，这个时期才告结束。

法国的例子反映了战时欧洲大陆经济发展的一般特点，但是，各国的情况很不相同。例如，比利时是和法国以及以法国为代表的大市场建立了联系才繁荣起来的。它的纺织业和机器制造业（后者以韦尔维耶的威廉·科克里尔的工厂为中心）的发展，为比利时在1830年脱离荷兰而独立之后的经济迅速腾飞准备了条件（这次腾飞以煤炭、铁路和重工业为基础）。[⑪]莱茵兰也是因为与拿破仑时期的法国建立了关系而受益。法国在那里留下了永久性的

工业设施。

西班牙的经历不那么顺利。18 世纪后期西班牙很有希望的发展被破坏了,因为它在 1796 年参加了反对英国的战争,与美洲殖民地之间迅速扩大又有利可图的直接贸易中断了。1802 年亚眠和约签订之前,西班牙的航运只限于地中海。一位西班牙历史学家指出,美国人和英国人进来了,“……精明的美国商人不放过任何一个(西班牙美洲的)港口”。[12]在 1795 年之后的六年间,美国与西班牙美洲的贸易大约增加了六倍。不久,1808 年,西班牙爆发了革命,与法国进行了六年残酷而破坏惨重的战争。除了死于瘟疫和饥荒之外,仅死于战争的西班牙人就达 30 万。在这些动乱的岁月里,从 1808 到 1825 年,不少西班牙殖民地相继脱离西班
牙,只剩下古巴和菲律宾。遭受了伊比利亚半岛战争和海外地位 208
的急剧下降的双重打击之后,直到 19 世纪 30 年代,西班牙才在国内发展的基础上开始复兴。

这一时期,荷兰由于断绝了与欧洲以外地区的贸易,中断了与伦敦的财政联系,也一直在调整政策。英国的工业发展,以及为盟国筹集和提供巨额贷款与援助的能力,使伦敦在 1815 年第一次成为世界的金融首都。这与纽约在第一次世界大战后的崛起,情况很相似。“……战争使英国不再在财政上扶助荷兰了”。[13]在 1816 到 1818 年战后短暂的繁荣时期,伦敦已改变了原先向它的战时盟国提供贷款和援助的那种做法,把壮大起来的财力用于筹集外国贷款上。比利时由于拥有煤炭资源和制造机械的能力,先于荷兰成为低地国家最主要的工业中心。

战争及其结局并没有完全摧毁法国、荷兰和西班牙的殖民利

益。法国竭力想在 19 世纪重新夺取大片殖民地。然而，1815 年之后，世界贸易渠道逐渐增多，与 18 世纪大部分时间相比，环境变了，重商主义不那么盛行了。即将出现的新的巨大发展——突出的是铁路的出现——加上 1793 到 1815 年间贸易和金融结构的改变，使得欧洲大陆比 18 世纪更加关注内部的发展。

在法国战争和拿破仑战争期间，俄国也受到了世界贸易兴衰变迁的影响。和美国一样，在战争初期，俄国受益不浅。英国需要俄国的铁、粮食和木材。英国从俄国的进口总额（官方价值）从 1786—1790 年平均每年 140 万英镑上升到 1796—1800 年平均每年 190 万英镑。向俄国的出口（包括再出口），从 20 万
209 英镑上升到 70 万英镑，增加了一倍多。在整个 18 世纪 90 年代，俄国作为半垄断的出口国，力图获得更优惠的贸易条件。它对出口商品征收出口税，为它的出口商建立了信贷银行，政府还要求，每出口 100 吨铁就要配售一定数量的木材。[14]从俄国进口铁的费用日益上涨，英国在海上缉私引发了两国的摩擦。1800 年，俄国联合北欧国家（瑞典、普鲁士和丹麦）共同反对英国的这种做法。1801 年 3 月，沙皇保罗一世被暗杀，英俄战争才得以避免。

所有这些情况促使英国下决心摆脱需要不断进口的局面。1803 年，海军和其他政府经营的企业首先使用国产铁，不用进口铁。铁的进口量从 1801 年大约 46000 吨的最高额下降到 1814 年的 7000 吨左右。半个世纪后，铁才再次成了英国的重要进口物资。

1807 年，俄国曾与拿破仑达成谅解。但正是这个时候，大陆

封锁的实施,进一步限制了它的对外贸易。这促使它的制造业生产一部分产品以替代进口货,但农产品的价格一度处于较低的水平。

1812 年,拿破仑入侵俄国,使俄国在莫斯科附近的制造业或遭到破坏或被迫内迁。不过,战争的需要在一定程度上刺激了金属和金属加工业的发展,也刺激了纺织业的发展,因为要供应军服。[15]

在工业技术方面,战争期间,1793 年之前和 1815 年之后的技术发展进程被破坏了,只是在对新机器进行试验或小规模生产的 210
基础上缓慢地吸收新技术。1805 年,在圣彼得堡安装了用于棉纺织业的第一台蒸汽机。1809 年,在亚历山德罗夫斯克安装了英国的亚麻纺纱机。1802 年,俄国引进的农业机械是简单的脱粒机。战争结束后很久,即 1836 年,俄国的大型炼铁工业才开始采用科特的搅炼技术。毛纺织业虽然满足了军服的需要,却是用老方法生产的,90%的劳力是农奴。在大陆封锁期间,丝绸业因原料不足而长期衰退。

与其他国家的情况一样,俄国的棉纺织业比较有生气。在这门工业中,比较现代化的私人企业家用雇工从事生产,而不用农奴。1793 年,第一台纺纱机安装起来了。1808 年,第一家私营棉纺厂投入生产,它使用的是政府在亚历山德罗夫斯克建立的示范工厂使用的那种机器。1812 年,莫斯科有 11 家棉纺厂。但到 19 世纪 40 年代,这门工业才完全实现技术现代化,直到 19 世纪 50 年代,才开始不再依赖进口棉纱。表 17 反映出俄国工业发展的广度和限度,18 世纪最后 10 年和 19 世纪初蓬勃发展,1807 年到战争结束趋向衰退，以及工厂中农奴劳工的比例下降，其中不包括蒸馏、酿造、面粉和采矿行业的工厂和工人。

总之，在战争年代，俄国继续沿着 18 世纪的路线发展，但是，在采用新技术方面，比西欧更加远远落后于英国。这期间，它丢失了铁的出口市场，因为英国这时已基本上可以自给。除了一段短时期之外，俄国工业现代化的进程从未停顿，但是，1820 年的俄国，距离腾飞，至少还差半个世纪。

211 **表 17　1770—1820 年的俄国工业**

年份	工厂数	工人数	雇工数
1770	260	55.3	32%
1804	2402	95.2	47%
1812	2322	119.0	50%
1820	4578	179.6	58%

资料来源：彼得·伊·利亚申科：《俄国国民经济史》，L. M. 赫尔曼翻译（纽约：麦克米伦出版公司，1949 年），第 337 页。

六

1783—1815 年间，在欧洲和北大西洋之外的地方发生了一些事件，其影响深远，值得在这里简单提一下。

首先是非洲。到 18 世纪末，由于经济上和道义上的原因，欧洲人在非洲进行了长达三个半世纪的奴隶贸易逐渐被取消了。英国在 17 世纪就出现了从道义上反对奴隶制和奴隶贸易的活动。尤其是贵格会教徒，他们在英国和北美洲殖民地进行了反对奴隶贸易的群众运动,而且颇有成效。在法国,启蒙运动的领导人认为奴隶制是违背民权和自然法则的。英国丧失在北美洲的殖民地,给这种论点增添了新的力量。英国的一些企业界人士开始把非洲看作是另一个工业品市场和热带作物的潜在供应地——这一前景 212
与奴隶贸易是不相容的。

不过,反对奴隶贸易切实有效的行动,是丹麦在 1792 年首先采取的,其目的是要在 10 年内增加丹麦西印度群岛的奴隶人口,然后依靠自然增长来获得劳动力。

1794 年,革命的法国议会颁布命令,取消所有法国殖民地的奴隶制,但是,实际上直到 1848 年奴隶制才真正被废除。美国宪法规定,国会可采取措施,在 20 年后停止奴隶贸易。1808 年 1 月 1 日,美国停止了奴隶贸易。英国议会在 1806 至 1811 年,通过了一系列法律,使英国不再从事奴隶贸易,最后一项法律把从事奴隶贸易定为犯罪行为。布宜诺斯艾利斯的新政府宣布,凡是 1813 年 1 月 13 日以后出生的奴隶的孩子,全部获得自由。从此在拉丁美洲掀起了争取自由的运动。维也纳的国会谴责奴隶贸易,但是未能制定禁止奴隶贸易的法律。

奴隶制显然还没有结束。到 19 世纪中叶,奴隶仍源源不断地被送到大西洋彼岸。不过,情况已经发生了变化。

印度的变化不那么惊人,却也意义深远。1784 年,印度法案首次决定设立一个局,管理东印度公司的事务。这个局逐步有效地控制了东印度公司的政策。这期间发生的重要事件有:康沃利期建立了职业的印度文官制度,他们的薪金优厚,但禁止从事私营贸易;韦尔斯列和黑斯廷斯统一了除西北边疆以外的整个军事力

213 量，这项工作直到1823年才完成。1813年，东印度公司的贸易垄断被取消了，它与上述事件至少具有同等的重要性。其实，1793年法令就已经削弱了东印度公司的贸易垄断权。这项法令规定，对不属于东印度公司的贸易，亦可给予船运的方便。在东印度公司的保护下，在印度经商的商人从一开始就极力反对，他们急于把积累起来的利润，以印度出口货物的形成转移到欧洲。[16]同时，外国商人（主要是美国人和葡萄牙人）扩大了与印度的贸易，包括把印度的货物运送到欧洲。这损害了英国航运业和贸易界的利益。当初，英国航运和贸易界成功地扩大同印度的贸易时，纺织品交易就非常有利于英国。第一批英国制造的平纹细布的样品，早在1783年就送到了印度。到1786年，英国停止从孟加拉进口棉纱。英国棉纺织业的兴起当初只是缩小但没有完全挤掉印度棉纺织品的出口市场，因为英国的机织布要与印度高质量的平纹细布媲美，还得过一段时间。到了1812年前后，英国的棉纺织品开始大量涌入印度。取消对东印度公司的垄断，加强了这种早已形成的趋势。英国向亚洲的出口总额从1811年的170万英镑上升到1821年的440万英镑。后来，英国向印度（还有中国）出售的，已不限于金银，而且有其他重要物品。机制棉纺织品的进口，对于印度当然产生了长久的破坏作用，然而最终也推动了它的现代化进程。一位印度历史学家得出这样的结论："1800年，印度的经济发生了变革。印度开始走上了转变的道路，从世界的工业工厂变成世界上最丰富的原料产区之一。……印度进入了一个非工业化的时期……"[17]

表 18　1812 年和 1813 年英国和印度棉纱成本比较表 214

	英国每磅棉纱成本		印度每磅棉纱成本
棉纱种类	1812 年	1830 年	1812 年和 1830 年
40	2 先令 6 便士	1 先令 $2\frac{1}{2}$ 便士	3 先令 7 便士
60	3 先令 6 便士	1 先令 $10\frac{1}{2}$ 便士	6 先令
80	4 先令 4 便士	2 先令 $6\frac{3}{4}$ 便士	9 先令 3 便士
100	5 先令 2 便士	3 先令 $4\frac{1}{4}$ 便士	12 先令 4 便士
120	6 先令	4 先令	16 先令 5 便士
150	9 先令 4 便士	6 先令 7 便士	25 先令 6 便士
200	20 先令	14 先令 6 便士	45 先令 1 便士
250	35 先令	28 先令 2 便士	84 先令

资料来源:爱德华·贝恩斯:《棉纺织业历史》,(伦敦,1935 年)第 353 页。
注:贝恩斯指出,英国在织布方面的相对优势要大于纺纱方面的优势。

这种转变的基础,在贝恩斯的表格中可以得到说明。他把英国和印度在 1812 年和 1830 年生产各级棉纱的成本做了比较。印度的成本没有变化,而英国产品在 1812 年就具有成本降低的优势,在随后的 18 年里,这个优势更加突出,低级棉纱更是如此。后来,印度和远东市场成为英国棉制品的大买主,仅次于德国。⑱

中国的危机主要发生在这个时期之后,即开始于 19 世纪 30
年代。这是它内部的变化和外界为进行贸易对它的无情冲击共同
作用的结果。这两种因素在 1815 年之前就有预兆。18 世纪后
期,清王朝既显示出鼎盛的一面,也暴露出衰退的迹象。王朝的 215
军事和政治势力扩展到朝鲜、安南、尼泊尔和缅甸。1781 年,皇
帝府库里的储备金超过了 7000 万两。但是从 18 世纪 70 年代开

始，出现了王朝衰弱的典型症候。地方叛乱迭起，知识分子出现不满迹象，贪污腐化的现象蔓延。1799 年乾隆皇帝死后，动乱开始了。

在这过程中，还有一个因素，就是人口不断增长对有限的耕地的压力越来越大。有一位学者估计，人均耕地面积一直下降，数字如下：[19]

1685 年	5.43 亩	1724 年	4.83 亩
1753 年	4.43 亩	1766 年	4.07 亩
1812 年	2.85 亩	1872 年	2.49 亩

如果这个计算大致准确的话，那么，在 18 世纪后期和 19 世纪初，中国已进入了马尔萨斯所说的人口危机的严重阶段。

在这样的背景之下，英国、美国和其他一些国家开始加强与中国的贸易关系，并力争得到更优惠的贸易条件。1793 年和 1816 年，英国的使团未能改变中国相当严格的贸易规定。根据规定，英国只能与指定的名为“公行”的中国商人团体进行贸易。外国对中国施加压力，这仅仅是开端，而不是结束，因为，与中国进行贸易成为越来越令人垂涎的买卖，对英国尤其如此。对其他国家也一样，美国商人早在 1784 年就到广东出售毛皮，购买茶叶。

1784 年，英国大幅度降低了茶叶税。有记载的英国进口量增
216 加了，部分原因是走私减少了。此外，有一种印象，认为从那时到 19 世纪初，茶叶“由皇宫走进了平民家”[20]。这一变化也许还受到战争期间实际工资下降的影响。对贫穷的家庭来说，啤酒太昂贵了，因为粮食价格提高直接影响啤酒的价格。总之，尽管 1800 年之后重新对茶叶征收高额的进口税，但喝茶的习惯已经根深蒂固

了。英国茶叶进口的官方价值增长情况如下：

1782—1783 年　40 万英镑

1791—1792 年　180 万英镑

1801—1802 年　290 万英镑

1815—1816 年　310 万英镑

据科尔[21]估计，如果加上人口、走私和税率变动等因素，从 18 世纪 80 年代初期到战争结束这期间，按人口平均的茶叶消费量几乎增加了两倍。1793—1810 年间，东印度公司出售的印度和中国的货物，一半以上是茶叶。为从中国进口这种新货物，东印度公司向中国出口毛织品、铅和锡（产自康沃尔），以及印度和英国的棉纺织品，同时，若无其事地扩大向中国非法输送鸦片。美国人也很快插足此事。随后，英国需要中国的茶叶和其他产品，这就迫使它向中国出售英国的制成品和鸦片，而此时，中国的国内危机愈演愈烈。这样，在中国与西方的关系中出现了长期对抗的阶段，从 1834 年（当年取消了东印度公司对中国贸易垄断权）直到 19 世纪末以后。

在这一时期，澳大利亚出现了一个可以与埃利·惠特尼相提
并论的革新家约翰·麦克阿瑟。他认为，如果这个当初的“罪犯收 217
容所”要兴旺起来的话，就需要有这么一种出口商品：以很少的劳力就能开发大片的土地并生产大量需要的原料，而买方能够承担长途海运的费用。他认定生产羊毛符合这些要求。1797 年，他用进口的美利奴绵羊开始进行羊毛生产的实验。10 年之后，第一批商品羊毛运到了伦敦。大约从 1813 年起，毛纺织工业进入迅速发展的阶段，澳大利亚的开发也在进行。于是在世界经济中，又多了一个提供这种原料的新的重要基地。

前面已经提到，由于受战争年代发生的事件和贸易变化的影响，拉丁美洲的状况发生了变化。拉丁美洲人民在致力于一项长期而又缓慢的工作，要在古老文化和殖民地遗迹的基础上把他们的国家建设成充满活力的国家；与此同时，他们还开始了另一项长期缓慢的工作，在出口粮食和原料的基础上，实现经济的现代化。到 19 世纪 20 年代中期，拉丁美洲成了英国资本输出高潮的重要目标，资本主要用于采矿业的现代化和扩展方面。

七

马尔霍尔把 1820 年世界贸易数字与 1780 年和 1800 年的数字相比较，说明世界贸易体系变化的规模和特点(表 19)。

表 19　1780 年、1800 年、1820 年世界贸易粗略统计

(单位：百万英镑)

国别	1780 年	占世界总额的百分比	与 1750 年相比增加的百分比	1800 年	占世界总额的百分比	与 1780 年相比增加的百分比	1820 年	占世界总额的百分比	与 1800 年相比增加的百分比
英国	23	12%	10%	67	22%	291%	74	22%	10%
法国	22	12%	69%	31	12%	41%	33	10%	6%
德国	20	11%	33%	36	12%	80%	40	12%	11%
俄国	17	9%	21%	30	10%	76%	22	6%	−27%
奥地利	6	3%	50%	8	3%	33%	10	3%	25%
意大利	7	4%	40%	10	3%	43%	15	4%	50%
西班牙	18	10%	29%	12	4%	−33%	10	3%	−17%

续表

葡萄牙	4	2%	33%	4	10%	0	3	1%	−25%	
斯堪的纳维亚国家	5	3%	67%	5	2%	0	6	2%	20%	
荷兰和比利时	8	4%	33%	15	5%	88%	24	7%	60%	
瑞士	3	2%	50%	5	2%	67%	6	2%	20%	
土耳其等	4	2%	33%	5	2%	25%	6	2%	20%	
欧洲总额	137			228		66%	249		9%	219
欧洲总额占世界总额百分比	74%			75%			73%			
美国	3	2%		17	6%	567%	23	7%	35%	
西班牙语美洲	20	11%	33%	25	8%	25%	30	9%	20%	
英国殖民地	1	0.5%	−67%	2	1%	100%	3	1%	50%	
印度	10	5%	11%	10	3%	0	11	3%	10%	
其他各国	15	8%	50%	20	7%	33%	25	7%	25%	
总额(不包括欧洲)	49		32%	74		51%	92		24%	
世界总额	186		33%	302		62%	341		13%	

资料来源:迈克尔·马尔霍尔:《统计资料词典》(伦敦:乔治·劳特莱奇和森斯出版公司,1892 年),第 128 页。

注:由于数字都已四舍五入,因此,百分比数字加起来不一定是 100%。

大的变化发生在 18 世纪末英国腾飞的 20 年间。这期间,英国和美国的地位,相对来说有了明显的提高,而法国、西班牙和葡萄牙则受到损害。因此,形成了这样的格局:俄国、西班牙和葡萄

220 牙相对衰落；比利时、荷兰和中欧保持原来的地位；其他国家则开始稍稍缩短了与欧洲的差距。

1820 年，工业革命的第一阶段基本上过去了。英国由于把革新的技术应用于棉纺织业，并在这个基础上发展成为世界贸易大国。其他国家都在吸收这些新技术。可是，只有美国的新英格兰地区在 19 世纪 20 年代出现区域性的起飞。日本在 19 世纪 80 年代中期开始出现以纺织业为基础的起飞。除此之外，没有一个地区能为作为经济起飞的基础的纺织业找到必要的市场。现代化进展缓慢。直到瓦特的原动机（1800 年专利权期满之后，才适用于高压蒸汽）与炼铁技术和机械工程的新发展相结合以及铁路时代诞生之后，现代化才有所发展。这种转变的初期仍然属于我们所考察的时期。在英国，批准修建铁路（从旺兹沃斯列克罗伊登的萨里线）的第一个议会法令是在 1801 年通过的。[22] 早期的铁路都是通往运河或连接矿井与附近港口的支线。当然，车辆是由马拉的，在铁轨上行驶。在这期间，第一艘汽船和第一辆蒸汽机车已在运行。

根据过去的实验和在法国的夏约对瓦特水泵的考察，儒佛鲁瓦侯爵和别人一起成立了一个建造和运营汽船的公司。1783 年，儒佛鲁瓦第一次在里昂附近公开展出了 144 英尺长的侧轮船。法国科学院坚持要在塞纳河上进行表演。由于儒佛鲁瓦担负不起把那神奇的机械送到巴黎的费用，他的事业眼看就要半途而废了。[23] 美国的约翰·菲奇和詹姆斯·拉姆齐，法国的德布朗和罗伯特·富尔顿坚决支持他。富尔顿承认他受到了儒佛鲁瓦的启发。富尔
221 顿在法国试验成功之后，于 1806 年回到纽约。第二年，“克莱蒙”

号汽船下水。1788、1789 年,英格兰也建造了试验性的汽船,但是停在泊位上任其腐烂。

早在 1770 年,一个名叫尼古拉·卡诺的军事工程师建造了一辆用蒸汽驱动的卡车来运送火炮。他得到军事部长艾蒂安·德·舒瓦瑟尔的支持,试验大有希望。但是,1770 年,舒瓦瑟尔下台,试验前功尽弃,机器搁在兵工厂的仓库里。1798 年,在意大利战役和埃及战役的间隙,拿破仑对这车辆表示出兴趣,但是没有任何结果。这种车辆从发明、革新到成功也是由盎格鲁-撒克逊人完成的。瓦特的助手威廉·默多克在 1784 年建造了一辆蒸汽车模型。1801 年,理查德·特里维西克用第一辆蒸汽机车进行载客试验,到了 1804 年,他有了一辆能正常使用的蒸汽机车。一些蒸汽机车开始在运煤线上使用。直到 1829 年,史蒂文森的"火箭"号在曼彻斯特和利物浦之间的线路上行驶;美国的蒸汽机车在南卡罗来纳、巴尔的摩和俄亥俄的线路上行驶,此时,铁路时代才正式开始。正是铁路和有关的工厂使北半球的许多国家在 1830 至 1914 年期间达到了经济腾飞的地步。它的基础就是本书所要说明的现代化的早期进程。

1783 年之前 100 多年,从圣彼得堡到美洲殖民地,都出现过地区性的这种进程,向起飞的先决条件前进。农业产量在提高;新建公路和运河,中世纪的障碍在减弱,因而国内市场正在联成一体;国际贸易正在增长,带来了一系列的后果;手工制造业兴旺起来;城市急剧膨胀;科学革命使得各地都有许多人努力寻找
机械方法来解决经济和技术问题。欧洲各国之间的差别只是朝 222
这方向前进的进度和广度的不同。只要不耽溺于违背事实的历

史，我们有理由假定，假如英国没有率先腾飞的话，正在起作用的各种力量迟早会使欧洲别的国家（或者美国）起飞。这种情况可能不需要太长时间就会发生。棉纺织业也会成为领先的部门，因为与印度的精湛技艺相比，机器生产在经济上具有明显的优势。

当时，英国起飞了，持久的战争爆发了。随之而来的是出现各种复杂的不正常的因素，影响着贸易和工业。同时，模仿英国方法的可能性也出现了。当然，要起飞，仅仅靠照搬英国的榜样，或向派出的英国工程师和经理学习是很不够的。正是由于15世纪到18世纪现代化进程的广泛扩散（以及法国革命和拿破仑战争所造成的变化），欧洲才能够在1815年之后比较迅速地吸收英国的经验。事实上，19世纪欧洲和大西洋国家起飞的先后顺序并不是严格按照18世纪末以前各国起飞先决条件成熟的程度，但是与这种程度很接近。首先是新英格兰，然后（按序）是比利时、法国、德国、西班牙、瑞典、意大利和俄国。

1820年，世界各地还有不少传统的社会，其内部生活大体上没有受到欧洲从15世纪开始酝酿的变革的触动，例如日本、中国以及非洲的部分地区。此外，有一些殖民地和其他社会已经感受到生气勃勃的新欧洲的影响，但是还没有开始，或只是刚刚开始（如土耳其）进行痛苦的变革。如果要在这新的现代技术世界里尊
223 严地生存下去，就必须进行痛苦的变革。这两类社会前进的道路是漫长的。除了日本之外，拉丁美洲、中东、亚洲和非洲的起飞都发生在20世纪。

八

英国的腾飞一经发生，就不难看出它会扩散开去。当然，对每一个具备了腾飞先决条件，接着进入持续发展阶段的社会来说，各自都有自己的经历。各自的经历都需要创造力，会造成痛苦，会带来挫折，还会引起深刻的社会政治变革。但是，表现为持续的工业化及其获得利润和改善人类福利的潜力的非理性力量，至少有两个世纪已经证实，是一种终归无法抗拒的力量。要说明这种力量是如何产生的，仍然是很费脑筋的难题。

清理赫伯特·巴特菲尔德所说的巨大的包袱的工作已进行了很长的时间，至少从 1848 年出版马克思和恩格斯的《共产党宣言》时就已开始。对工业革命的学术研究开始于 19 世纪 80 年代，有威廉·坎宁安关于英国经济史的著作第三卷（“自由竞争”）和阿诺德·托因比的论文。这个问题继续向每一代经济史学者提出挑战，这些学者包括克拉彭、曼图斯克、阿斯顿、希顿、兰德斯和迪恩、克鲁泽、哈特韦尔、诺思，还有我们这些人。如果我们要研究这个问题，它就势必迫使我们设法把经济同文化和社会、制度和政治的母体联系起来。它涉及人类文明的一个伟大转折点；它能教给我们永久的知识，使我们懂得经济发展的内部规律。

从事这项工作有许多方法。每种方法都是根据对有关的两大
问题的假设而形成的：当欧洲在 15 世纪到 18 世纪从现代社会早 224
期阶段向前发展的时候，是什么力量在起作用呢？在这种环境中，英国为什么会第一个把它的地区性发展进程转变为革命性的工业

生产的加速发展呢？

用于回答这些问题的假设，构成或者反映出关于人类、关于社会和关于经济发展的理论。这些理论或者含蓄，或者清晰。历史学家的理论决定他选择哪些相关的事实，决定他把哪一种起作用的力量摆在舞台的中心。

关于人类及其历史的每一种理论，都可加以简化。研究一下关于工业革命的丰富的著作，不难透过庞杂的细节叙述找出构成一本书或论文的理论核心。有时，一些理论的表达非常清楚严谨。诺思和托马斯的著作《西方世界的兴起》就是这样。通常是理论蕴含在解说之中。但是像 R. M. 哈特韦尔《英国工业革命的起因》一书，要发掘它的理论观点并不难。

所有严肃的关于工业革命的理论都把英国在 18 世纪末在工业上的突破看作是先前长期发展过程的顶点，也是人类历史新阶段的开端。它们认为，欧洲脱离封建制度是早先的发展过程的一部分，这一发展过程有三个特点：民族国家的出现、土地租佃制的改革和行会对制造业控制的削弱。总的说来，国际市场有扩大的余地，国内市场还需要建立更有效的联系。所有严肃的理论都认为，有效地应用新技术是 18 世纪末最重要事件的一部分。有些理论还加上这样的观点（这是合理的），地理条件和自然资源丰富（或者贫乏）对整个发展过程有很大的影响。

225 那么，差别在哪里呢？对于这一著名论题，有什么理由还要再写论文呢？

回顾我感觉不满意而促使我动笔写这本书的原因，我要着重提出我认为必须解决的三个问题。

首先是商业革命。亚当·斯密和卡尔·马克思都向我们灌输了这样的概念:一方面通过市场的发展,另一方面通过中产阶级的扩大,工业革命就会自然而然地产生于商业革命。如果把希腊、罗马、印度、中国等其他古代帝国的历史也加以考虑,就不得不承认德怀特·珀金斯的结论:“商业发展不会自然而然或不可避免地走向工业化。”毫无疑问,西方在研究工业革命时受到了历史的、狭隘的地方主义的影响。然而,虽然商业革命本身不是产生工业革命的充足条件,但它确实是产生工业革命所必需的一个条件。论述这个问题的目的之一,就是要弄清楚商业革命是通过相当复杂多样的途径对经济发展方程式产生影响的,同时还要强调,它具有局限性。我相信,这种不很相同的关于商业革命的观点,是从事进一步研究的一个方向。

其次是国家及其政策在经济发展的方程式中所占的地位——我们把这些全都归入重商主义这个题目。像关于扩大市场的说法那样,在这个问题上,亚当·斯密也是给了我们以错误的指导。但是,责任在于我们,在于他的继承者,因为在他的时代和他当时的处境,他要严厉批驳妨碍国内贸易和对外贸易发展的残余势力,就要说许多道理。他并没有想要解释工业革命的到来。实际上,他丝毫没有意识到工业革命即将发生。他所关心的是确定最佳经济
制度的标准。在和平时期,这种制度具有专业化的优越性和相对 226
固定的生产功能。他没有认真考虑德国、俄国、奥地利和西班牙仍必须面临的问题的性质,因为在他颇为熟悉的欧洲西北部,这些问题的绝大部分都已经解决了。然而,亚当·斯密把重商主义看成是一种力量,只有先消除它,工业革命才会出现。这种过分简单的

观点需要补充修正。我们必须把一个国家、一个国家，一个时期、一个时期的情况综合起来考虑。因为，地区性争夺权力的斗争会产生各种推力，它们对导致工业革命的进程，在不同的时间和不同的地方，既有积极的作用，也有消极的作用。这些需要作具体的分析。这方面还有进一步研究的余地，因为我们仅仅是把政治史家和经济史家研究出来的材料简单地糅合在一起。在思想方面，我们还只是刚开始创造出把政治进程和经济进程联系起来的理论概念。

第三是科学、发明和革新的相互作用。200 年来——从亚当·斯密以及马歇尔和罗伯逊，直到萨缪尔森和卡尔多，经济学家们都没有能够完满地把主要新技术的产生与经济理论的整体结合起来。在动态收入分析中，他们迫不得已运用各种方法把技术的变革当作一种渐进的过程，当作需求或投资水平的函数。或者，他们把技术的变革当作外生变量而排除在理论体系之外。从马歇尔开始，连报酬递增也被主要看成是渐增的变化，表示同产量规模相关联的改进。毫不夸张地说，重大的发明和革新在正规的理论中根本就没有地位。企业家的素质——企业家勇于承担重大革新的创
227 造性风险的意志和能力——也同样成了被排除在正规经济理论主流之外的题目。

因此，现在还没有一种公认的体系能有条理地研究科学、发明和革新及其复杂的相互联系。但是，在我看来，这三者作为一个整体，正是早期现代欧洲同以前的经济发展阶段相区别、同 18 世纪的中国和德川幕府时期的日本的共同经历相区别的核心因素。我觉得，正因为很难理清这三者之间的关系，并把它们与经济进程联

系起来,才使得经济学家那么看重商业革命,或者像诺思和托马斯那样,那么看重私有财产权的出现。要研究科学、发明和革新,追求最大限度利润的简单论点就不够用了。要弄清它们之间的那种不可能简化的复杂关系,不存在满意的捷径。

不过,已经从历史和当代这两个方面对这个领域进行了大量的分析,它们是进一步发展的基础——这种工作在 A.E.马森编辑的著作,以及雅各布·施莫克勒、内森·罗森伯格等人的文章中都有所反映。这是我在《经济发展进程》一书中采用的方法,本书也沿用了这种方法。在凯恩斯之后的世界里,我们共同的命运日益依赖于科学进步及发明和革新发展的速度上,以期解决人口控制、农业、能源、污染控制和原材料替代等问题。我毫不怀疑,这些问题会越来越受重视,因为按照约翰逊博士的原则,当一个人得知他将在两个星期内被绞死,他就会神奇地集中起他的智慧。

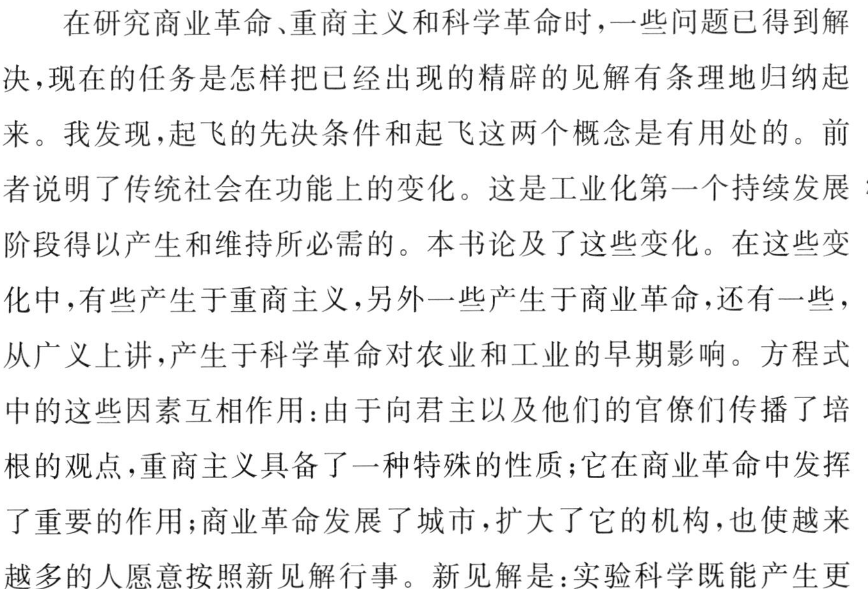

在研究商业革命、重商主义和科学革命时,一些问题已得到解决,现在的任务是怎样把已经出现的精辟的见解有条理地归纳起来。我发现,起飞的先决条件和起飞这两个概念是有用处的。前者说明了传统社会在功能上的变化。这是工业化第一个持续发展 228
阶段得以产生和维持所必需的。本书论及了这些变化。在这些变化中,有些产生于重商主义,另外一些产生于商业革命,还有一些,从广义上讲,产生于科学革命对农业和工业的早期影响。方程式中的这些因素互相作用:由于向君主以及他们的官僚们传播了培根的观点,重商主义具备了一种特殊的性质;它在商业革命中发挥了重要的作用;商业革命发展了城市,扩大了它的机构,也使越来越多的人愿意按照新见解行事。新见解是:实验科学既能产生更

大的利润，也能增加国家的实力。在这些因素互相联系不断加强的情况下，起飞的先决条件这个概念可以为一个重要目的服务，因为它相当明确地表达了为工业化进程作准备并使之持续发展所必需的功能变化。功能变化还可以作为一种尺度，大体衡量出处于这一转变过程中各个欧洲国家所取得的进步。

至于起飞，我仍然认为，这一概念很好地表达了 1783 年之后 30 年英国的经历以及其他许多国家进入持续发展阶段之后的经历。

在结束的时候，我感觉到，我非常清楚地了解，应该如何着手分析 1820 年之后一个半世纪的发展过程。我希望读者也能有同样清楚的感觉。但是，更重要的是，我希望本书能推动人们用自己的方法去深入研究这个大包袱，解开这个大包袱。

注　　释

第一章　为什么传统社会未能产生自我维持的增长

① 要回顾这一辩论,参见卡尔·波拉尼(Karl Polanyi)、康拉德·M. 阿伦斯伯格(Conrad M. Arensberg)和哈里·W. 皮尔逊(Harry W. Pearson)合编的《早期帝国的贸易和市场》一书及哈里·W. 皮尔逊的《关于经济原始主义的长期辩论》(芝加哥:亨利·雷尼里出版社,1957 年,1971 年)。

② E. F. 赫克歇尔(E. F. Heckscher):《工业革命前瑞典人口趋势》,《经济史评论》第 2 辑,第 2 卷,第 3 册(1950 年),第 266—277 页。18 世纪 40 年代、70 年代,以及 19 世纪头 10 年后期,瑞典人口死亡率的上升证实了中国的一句谚语:"每 30 年必有小乱……"〔邓素玉(音译)(Ssu-yu Teng):《太平天国史新探》,第 38 页(马萨诸塞,剑桥,哈佛大学出版社,1950 年)〕。形成这种(大致)每代为一周期的趋势的原因可能在于这一事实:人口危机(由于战争、严重歉收或瘟疫等)过后,出生率上升,大约 25 年之后又有反应,因为那些在恢复期出生的人又成了家。随之而来的人口增长再次对有限的经济环境施加马尔萨斯所说的压力。要了解对这种循环的论述,可参见 E. A. 里格利(E. A. Wrigley)的《人口和历史》第 68—76 页(纽约:麦格劳-希尔出版社,1969 年)。

③ 要了解传统帝国的收入及波动的一些片断的但有意义的资料,参见《附录:与古代世界的经济比较》,科林·克拉克(Colin Clark):《经济发展的条件》第二版,第 542—567 页(伦敦:麦克米伦出版社,1951 年)。

④ 同这里所描述的周期循环相似的那种动力,在某些自然现象的研究中已证实,例如,一种鱼以吃另一种鱼为生,这两种鱼在数量上就会有变化。一些植物与其寄生物之间具有周期性的互相作用。参见 V. 沃尔特拉(V. Volterra)的《关于生存斗争的数学理论的探讨》(巴黎:戈蒂埃·维拉尔等,1931 年)和 A. J. 洛特卡(A. J. Lotka)的《物理生物学的要素》,(巴尔的摩:威廉斯和威尔金斯出版社,1925 年)。

⑤ M. M. 波斯坦(M. M. Postan):《中世纪后期人口下降在经济上的征象》,《经济史评论》第 2 辑,第 2 卷,第 3 册,第 246 页,1950 年。

⑥ 同上。

⑦ 把政治的概念看成是问题的永恒三角,作者在《政治与发展阶段》(剑桥大学出版社,1950 年)的第一章里曾有论述。

⑧ 小查尔斯·P.柯蒂斯(Charles P. Curtis Jr.)编辑的《求实的思考者》修订版,第 87 页(波士顿:霍顿·米夫林出版社,1950 年)。

⑨ 引自 R.E.沃德(R.E.Ward)和 D.A.拉斯托(D.A.Rustow)合编的《日本和土耳其的政治现代化》,第 43 页(普林斯顿:普林斯顿出版社,1964 年)。

⑩ 至少在莫卧儿帝国时期的印度,土地所有权不属于贵族。土地使用者死后,土地连同可以核查的积累的财富,都归于国王——这种制度助长奢侈的生活和隐瞒财产,而不利于农业投资,正如 W.H.莫兰(W.H.Moreland)在《阿克巴死后的印度》第 256—263 页(伦敦:麦克米伦出版社,1920 年)所指出的。

⑪ 特别参见亚历山大·格申克龙(Alexander Gerschenkron)的《农业政策和工业化:1861—1917 年的俄国》,H.J.哈巴库克(H.J.Habakkuk)和 M.M.波斯坦合著的《剑桥欧洲经济史》第 6 卷,第 2 部分(剑桥:剑桥大学出版社,1966 年)。

⑫ S.N.艾森施塔特(S.N.Eisenstadt):《帝国的政治制度》,第 349 页(纽约:自由出版社,1963 年)。

⑬ 何炳棣(Ping-ti Ho):《中国 1368—1953 年人口的研究》,第 271—272 页(马萨诸塞,剑桥:哈佛大学出版社,1959 年)。

⑭ M.M.波斯坦:《中世纪后期人口下降在经济上的征象》。

⑮ M.罗斯托夫采夫(M.Rostovtzeff):《罗马帝国社会经济史》第 2 版,第 1 卷,第 538 页(牛津:牛津大学出版社,1957 年)。

⑯ 第 3 部分第 1 册第 11 章第 165 页(伦敦:乔治·劳特利奇出版社,1890 年)。亚当·斯密(Adam Smith)的意见是在他解释以下观点时附带提到的:在东方,货币工资较低,技术大致相当,内陆运输费较便宜,大多数工业品的实际和名义价格都低于欧洲,因而出口金银有利,主要是银,金银比率是 10∶1 或 12∶1,而不是 14∶1 或 15∶1。

⑰ 同上,第 4 册,第 9 章,第 534—535 页。

⑱ 德怀特·H.珀金斯(Dwight H.Perkins):《政府是工业化的障碍:19 世纪中国的状况》,《经济史杂志》,第 27 卷,第 4 册,1967 年 12 月,第 485 页。

⑲ 《剑桥古代史》,第 5 卷,第 16 页(剑桥:剑桥大学出版社,1927 年)。

⑳ 亚当·斯密:《国民财富的性质和原因的研究》,第 3 部分,第 1 册,第 11 章,第 196—200 页。按安吉洛·奥利维里(Angelo Olivieri)的观点,水力漂洗机早在 11 世纪中期就在法国北部最先出现。他的根据是 E.卡勒斯-威尔逊(E.Carus-Wilson)的一篇论文:"从 12 世纪至 17 世纪的生产力和技术",《欧洲经济史杂志》第 1 卷,第 1 册(1972

年春),第 176 页。

㉑ 莫兰:《阿克巴死后的印度》,第 125 页。

㉒ 《人、机器和历史》(纽约:国际出版社,1965 年),特别参见第 20—24 页,32—34 页,39—41 页,43—44 页。

㉓ M. I. 芬利(M. I. Finley):《古代世界的技术革新和经济进步》,《经济史评论》,第 2 辑,第 18 卷,第 1 册(1965 年 8 月),第 43 页。

㉔ 莫兰:《阿克巴死后的印度》,第 94 页。

㉕ 德怀特·H. 珀金斯等人:《1368—1968 年中国的农业发展》(芝加哥:奥尔迪出版社,1969 年),第 86 页。珀金斯指出:即使国家在名义上拥有全部土地,事实上,大部分土地属于私有,可以买卖。关于印度的土地占有情况,参见莫兰的《印度》一书第 96—100 页。

㉖ 请特别参见何炳棣的《1368—1911 年中国帝制下成功的阶梯,社会流动性的某些方面》(纽约:哥伦比亚大学出版社,1962 年)。

㉗ 李约瑟(Joseph Needham)等人:《中国和西方的职员和工匠》(剑桥:剑桥大学出版社,1970 年),第 81—82 页。

㉘ 请特别参见珀金斯的《政府是工业化的障碍》,第 478—492 页。同印度商人权势有限的观点相类似的传统观点也受到责难。请参见布里基·纳雷恩(Brjj Narain)的《印度的经济生活》(拉合尔:厄特·钱德·卡珀出版社,1929 年)第 3、4 章;M. N. 皮尔逊(M. N. Pearson)的《莫卧儿印度的商人和统治者》以及霍华德·斯波迪克(Howard Spodek)的《印度苏拉什特拉城邦的统治者、商人和其他权贵》(亚洲研究会第 25 届年会上发表的论文,伊利诺斯,芝加哥,1973 年 3 月 30 日—4 月 1 日)。珀金斯不反对中国商人的社会地位重新估价,而且还向亚当·斯密的已成为对现代化进行传统分析的基础的观点提出了挑战(我认为,这是对的):“商业发展不会自然而然或不可避免地走向工业化。中国的经验就是独一无二的证明”。(第 485 页)

㉙ M. M. 波斯坦:《中世纪科学为什么落后》,《科学史,专题论文集》第 29—30 页(伊利诺斯,格伦科:自由出版社,1951 年)。

㉚ 马克·埃尔文(Mark Elvin):《中国过去的模式》(卡罗来纳,斯坦福:斯坦福大学出版社,1973 年),特别参见第 17 章:《量的增长,质的停滞》,第 285—316 页。总的来说,埃尔文的方法与本书的方法相类似。他指出(第 7 页),他的目的是“要把中国社会和经济发展(和不发展)的经验同欧洲以及其他地方的经验进行系统的比较”。他从而(第 317 页)“把技术经济模式的变化看作……参考的中心点”。他用这种方法掌握了三个大问题,尤其是:“中国帝国的规模和生存,中国中世纪的经济革命(和衰落),在

传统时期后期,中国未能依靠自己的力量产生工业或机械革命……”这种方法也使他能够说明中国历代王朝的更迭不是围绕着一个静止的标准波动,而是一个民族社会和文化不规则但逐步的进化。在这方面,埃尔文属于日本学者内藤寅次郎(Naito Torajiro)(1886—1934年)的那种传统。参见,如宫川久之(Hisayuki Miyakawa)的《内藤假设的纲要和它对日本研究中国的影响》,《远东季刊》1955年8月,第533—552页。埃尔文所涉及的内容清楚表明,在中国历史方面,他从现代日本学者那里得到教益。

㉛ 埃尔文:《中国过去的模式》,第297—298页。

㉜ 因没有打算对中国的情况明确地发表看法,埃尔文提出的为什么“没有人尝试”这个问题的答案,可能包含在他这本书的另一节。他叙述了中国从10世纪至14世纪给人以深刻印象的技术变化之后,给自己提出了问题:为什么科学和发明的冲动减弱了。他举出许多因素,其中之一是,在1300年前后,绘画和哲学发生了深刻的变化(第225—229页)。变化的实质似乎来源于一种观点,认为研究(和确切表现)自然是一条正确的途径,可以把“人类社会的正确道德原则”同那种比较主观的、印象主义的,认为“自然不过是人的意识的产物”的观点相吻合。埃尔文因此断定(第226—227页):“这样就发生了转变……从对外在自然界的概念认识转向内省、直观和主观。这种强调精神的新观点,贬低了科学研究的哲学意义……这阻碍了从机械和数量方面观察各种现象的态度的发长……”假如有欧洲科学革命那种重要的哲学影响,以及由此形成的浮士德观点(见第151—157页),那么,在埃尔文书中第17章的总结里,很有可能会对中国方程式中的这一因素给以重新研究和评价。

㉝ 在这些社会里,科学家的作用和他们的成果的质量当然是不一致的。比如,乔治·萨尔顿(George Sarton)生动地描绘了希腊人的科学才华、罗马人严重的功利主义、基督教兴起的沉闷压抑作用、从750年至1100年阿拉伯科学的萌发和中世纪欧洲经院哲学对科学的抑制。要了解萨尔顿观点的概要,请参见他的《科学史导言》第1卷序言一章,华盛顿卡内基研究所期刊,第376册(巴尔的摩:威廉斯和威尔金斯出版社,1927年)。

㉞ 波斯坦:《中世纪科学为什么落后》,第28页。

㉟ 乔其奥·德·桑蒂拉纳(Giorgio de Santillana)编辑的《伽利略关于伟大世界体制的对话》,节选本,第15页(芝加哥,芝加哥大学出版社,1955年)。

㊱ 李约瑟的重要的研究成果,见李约瑟等人合编的《中国和西方的职员和工匠》一书。

㊲ 请特别参见布雷杰德拉纳恩·西尔(Brajendranath Seal)的《古代印度人的实证科学》(伦敦:朗曼、格林出版社,1915年)。还有,约翰·本特利(John Bentley)的《印

度天文学的历史观》(奥斯纳布吕克,1970年,根据1825年版重印);比布提布桑·达塔(Bibhutibhusan.Datta)和阿瓦德什·纳拉扬·辛格(Avadhesh Narayan Singh)《印度数学史》单卷本第1、2部分(勒克瑙:亚洲出版社,1962年);萨特亚·普拉卡什(Satya Prakash):《古代印度的科学奠基人》(新德里:古代科学研究院,1965年)。

㊳ B.西尔:《古代印度人的实证科学》,第56—85页(《古代印度医学院中的化学》);第202—243页(《印度的生理学和生物学》)。有关印度医学知识和实践的进一步参考资料,参见李约瑟的《中国和西方的职员和工匠》中的第19—20页,第60、267、269、303、340、342页。莫兰在《阿克巴死后的印度》一书第85页指出,医生照惯例只给"王公贵族看病;普通老百姓只用自己采集的草药给自己治病,大城镇或许有一个——或者两个——稍能行医的人"。

㊴ 李约瑟:《中国和西方的职员和工匠》,第16页。

㊵ 同上书,第20页。

㊶ 同上书,第19—20页。

㊷ 乔治·萨尔顿在《科学史导言》第1卷第9页引用的卢克莱修向伊璧鸠鲁祈求的例子可能是个例外:"……上帝般的喜悦和战栗敬畏之心,这两种感情促使我思考,由你的力量创造的自然就这样清晰可见地展开了,并在各个方面显露出来。"但是,17世纪末和18世纪的欧洲对牛顿的反应很不相同。希腊科学的潜力并没有点燃起这个活跃的世界和它的潜在的发明家、私人革新者的想象力。正如萨尔顿指出的(第10页):"……即使在最繁荣的时期,罗马也不鼓励科学。卢克莱修是在荒漠里说教。"牛顿所处的时代,是从哥白尼到弗朗西斯·培根这些人把一切都澄清了的时代,他不是在荒漠里说教。在注释32曾指出,从10世纪至14世纪,中国科学和发明的发展夭折,也可能是一个较为普通的例外。

㊸ 谈到关于这个问题的辩论时,芬利在《技术革新》一书第32—35页指出,早期的爱奥尼亚哲学家们,即使在研究宇宙论时,"……也毫不犹豫地从陶工的旋盘、漂洗机、铁匠的风箱,以及其他手工艺和工业品中寻找相似之处和线索",而亚里士多德和阿基米德(后者有一些著名的例外)则严格避免让琐事玷污科学。芬利发现维特鲁维亚(Vitruvius)持相同的保留观点。考虑到维特鲁维亚的《建筑学》对土木工程有广泛研究,芬利认为(第35页):"他与亚里士多德恰恰相反,讨论的仅仅是实际问题,而且向那些关心'不为应用仅为自己取乐的事物'的读者推荐已有的著作"。

㊹ 见芬利《古代世界的技术革新和经济进步》第32页。1962年2月,R.V.琼斯(R.V.Jones)在(《科学、技术和文明》,1962年在布鲁内尔的演讲(在布鲁内尔技术大学发表,油印本,第2页)讲了这样的见解:"求助于实验(在希腊人中间),在他们看来,是智力低下的表现。在希腊,体力劳动大都是由奴隶这个劣等阶级来干的,这个事实

无疑增强了这种观点。因此，做实验的体力工作就远不如哲学家高贵。这种错误……残害了希腊的科学”。关于这个问题，还可参见丹尼尔·贝尔(Daniel Bell)的《技术、自然和社会：三个世界观点的兴衰消长和现实主义的混乱》〔《美国学者》第42卷，第3册(1973年夏季)〕，第388页：“同经典的亚里士多德的观点相对比也同样重要。他的观点，托马斯·阿奎那(Thomas Aquinas)在论及中世纪思想时已详加阐述。当时，科学的目标是发现事物的不同用途、它们的本质、内容和性质的区别。但是，对于事件之间关系的精确计量和对事物如何发生却不注意。第一次与过去决裂(伽利略)，计量与关系才成为流行的方法”。

㊺ 波斯坦：《中世纪科学为什么落后》，第31页。

㊻ 芬利：《古代世界的技术革新和经济进步》，第29页。

㊼ 同上书，第37页。

㊽ 同上。

㊾ 引自乔治·萨尔顿的《科学史和新人道主义》第37—38页(马萨诸塞，剑桥：哈佛大学出版社，1937年)。

㊿ 引自奥利维里的《生产力和技术》，第171页。

51 芬利在《古代世界的技术革新和经济进步》第44页指出：“在第4世纪，有一个杰出而不知姓氏的人，写了一本论战争的小册子，请求皇帝(可能是瓦伦丁一世)采用一些可以节省财力和人力的军事新发明。即使是这么一个人也丝毫没有想到这些发明也可用于民用方面。他对于人民的苦难贫穷，对于苛重的捐税，对于贵族的游手好闲和聚敛财富，极表愤慨。他赞扬蛮族人的发明才能。但是，他自己没有超出军事技术的传统领域。”

52 琼斯：布鲁内尔演讲材料，第2页。琼斯特别提到传统的中国政府和文职官员的集体思想。

53 请特别参见汉斯·萨克斯(Hans Sachs)的《机器时代的延迟到来》，《精神分析季刊》第2卷(1933年)，第404—424页。

54 C. A. 多齐亚迪斯(C. A. Doxiadis)曾引用〔按辛普利休斯(Simplicius)记录〕，《古代希腊的建筑空间》，贾克莱因·蒂里特(Jaqueline Tyrwhitt)编辑和翻译(马萨诸塞，剑桥：M. I. T. 出版社，1972年)，第15页。

55 约瑟夫·本-戴维(Joseph Ben-David)在《科学家在社会中的作用》(新泽西，恩格伍德·克利夫：普林蒂斯-霍尔出版社，1971年)第31—32页论述“以比较的观点看科学”时也得出同样的观点。他分析了科学在传统社会的地位，认为在这些社会的历史上“科学发展缓慢而无常规的状态”产生于“不承认科学本身是社会的目标”，科学家因而“没有专业的作用”。这样，科学“是一种不‘需要’的东西”。他接着说：“实际上，问题也可以倒过来。需要解释的倒是这样的事实,当时科学还是出现了。研究传统社会的学者可能会辩论说,西方出现的科学的迅速发展,有一些病态的因素。"

第二章 现代化过程中的政治

① 查尔斯·威尔逊(Charles Wilson):《荷兰共和国》,第233页(纽约:麦格劳-希尔出版公司,1968年)。

② 理查德·比恩(Richard Bean):《战争和民族国家的诞生》,《经济史杂志》,第23卷,第1册(1973年3月),特别参见第210—217页。

英国战时动员最高数

13世纪—20世纪

战争	人口估计数	动员最高估计数(军队)	动员数占人口比例%
理查与约翰战争	1750000(英格兰)	25000	1.4
百年战争	2500000(英格兰)	35000	1.4
16世纪	4000000(英格兰和威尔士)	75000	1.9
西班牙王位继承战	5475000(1700年英格兰和威尔士)	130000	2.4
18世纪初	8000000(1760年英格兰和威尔士)	240000	3.0
美国独立战争和拿破仑时期	15700000(1801年英国)	500000	3.2
第一次世界大战	45222000(1911年英国)	6000000	13.3
第二次世界大战	47900000(1941年英国)	5000000	10.4

* 如果动员最高估计数是按英格兰、威尔士和苏格兰1801年的人口数(1050万)计算的话,动员数占人口比例可能要高达4.8%。

③ 根据共同编辑牛津《战争和经济变化》演讲集的同事们提供的部分材料,我曾就英国几个世纪战时动员最高估计数(包括海军)列出上面一张表。这张表说明,从16世纪开始上升,一直到20世纪。W. W. 罗斯托(W. W. Rostow):《经济增长进程》,第二版,第150页(牛津:克拉伦登出版社,1960年),第150页。

④ 这些计算的结果,对18世纪战争单纯的短期影响的全面评价,与A. H. 约翰(A. H. John)的《1700—1763年战争和英国经济》〔《经济史评论》第7卷,第3册(1955年),第329—344页〕所作的评论有所不同。我完全同意约翰的几个基本观点:这一时

期的战争有助于刺激冶金业的新技术;它们扩大了对毛织品和船舶的需求;更重要的是,对于这些战争得失的估价必须按它们对于相互竞争的民族国家之间相对的贸易、经济地位所发生的作用来评价,而不能按绝对数去评价。

⑤ 为了做粗略的计算,我引用了由B.R.米切尔(B.R.Mitchell)和菲利斯·迪恩(Phyllis Deane)在《英国历史统计资料概要》第389—391页(剑桥:剑桥大学出版社,1962年)政府纯支出总额的数字,以及根据格雷戈里·金(Gregory King)(1688年)、约瑟夫·梅西(Joseph Massie)(1759—1760年)和阿瑟·扬(Arthur Young)(1770年)的国民收入估计数推算出的数字。这一计算结果只是粗略计算的近似数。

⑥ J.F.博谢尔(J.F.Bosher):《1770—1795年的法国财政》(剑桥:剑桥大学出版社1970年),第23—24页。

英国政府开支和国民生产总值

1711—1782年(百万英镑)

	高峰年	全部政府支出净值(1)	国民生产总值近似数(2)	(1)与(2)之比
西班牙王位继承战	1711年	15	60	25%
奥地利王位继承战	1749年	12.5	84	15%
七年战争	1761年	21	106	20%
美国独立战争	1782年	29	150	20%

注:简·马克佐斯基(Jan Marczewski)关于法国中央政府开支与物质生产总值(按现在价格)的比较也属于这一类〔《1660—1958年法国经济某些方面的增长》,《经济发展和文化变化》第9卷,第3册(1961年4月),第372页〕。见下表。

法国政府支出和物质生产总值

1701—1779年

	中央政府开支(1)物质生产总值(2)(年平均数是百万法郎,现在价格)		(1)与(2)之比
1701—1710年	200	1485	13%
1758年	237	(2350)	(10%)
1774年	400	(3300)	(12%)
1777—1779年	613	(3500)	(17%)

注:()表示添加的估计数。

法国是城市化水平较低的社会,按人口平均的国民生产总值,直到18世纪80年代差距扩大之前,大约比英国低20%。另一方面,由于两国的人口之比是3∶1,在18世纪的大部分年代里，法国的国民生产总值绝对数要大得多。因此，法国支出的绝对水平要大大高于英国，尽管它的支出占国民生产总值的比例比较低。

⑦ 引自亚历山大·格申克龙(Alexander Gerschenkron)的《俄国镜子中的欧洲》(剑桥：剑桥大学出版社，1970年)第85页。克留切夫斯基(Kliuchevskii)所用的词，是指17世纪处在彼得之前历代沙皇压力下的俄国。格申克龙认为这是用巧妙的手法追念彼得统治的影响。

⑧ 对重商主义政策的经典概括，当然是出自伊E. F. 赫克歇尔的《重商主义》。此书由门德尔·夏皮罗(Mendel Shapiro)翻译、校订、编辑；E. F. 瑟德伦德(E. F. Söderlund)编辑，两卷本(伦敦：乔治·艾伦与昂温出版社；纽约：麦克米伦出版社，1955年)。赫克歇尔的著作，注重实用，以英法两国政策和思想的比较为中心，较少提及德国、荷兰和斯堪的纳维亚国家的经验。西班牙和奥地利帝国只是偶尔提及，俄国几乎完全忽略。格申克龙在《俄国镜子中的欧洲》第62—69页中强烈地指出这一点。

⑨ 格申克龙：《俄国镜子中的欧洲》，第71页。

⑩ 关于18世纪西班牙经济现代化，请特别参见贾米·维森斯·维文斯(Jaime Vicens Vives)和乔奇·纳德尔·奥勒(Jorge Nadal Oller)的《西班牙经济史》，弗朗西斯·M. 罗贝斯·莫里亚斯(Frances M. López-Morillas)翻译(普林斯顿：普林斯顿大学出版社，1969年)，第471—604页。把波旁王朝的改革看作法国特有的鼓舞人心的事件，对于这种看法的生动驳斥，请参见《西班牙的启蒙运动》，H. R. 特雷弗-罗珀(H. R. Trevor-Roper)：《人与事件》(纽约：哈珀和布拉泽斯出版社)，第260—272页。

⑪ 19世纪西班牙的铁路系统作用有限，农村大部分地区一直贫穷。因此，有一种观点认为，只是到了20世纪60和70年代的汽车时代，西班牙才形成了有效率的全国市场。

⑫ 简·德弗里斯(Jan de Vries)：《论荷兰共和国的现代性》，《经济史杂志》第33卷，第1号(1973年3月)，第199页。关于荷兰社会的特征，包括过去封建社会以来的沿革，参见威尔逊《荷兰共和国》一书中的《共和国的政治和文化起源》。

⑬ L. A. 克拉克森(L. A. Clarkson)：《英格兰工业化前的经济，1500—1750年》(伦敦：B. T. 巴茨福德出版社，1971年)，第192页。

⑭ 这张表引自S. B. 克拉夫(S. B. Clough)和C. W. 科尔(C. W. Cole)的《欧洲经济史》第3版，第218页(波士顿：D. C. 希思出版社，1952年)。要充分了解柯尔柏和他的前任，包括拉夫玛，请参见C. W. 科尔的《柯尔柏和法国的重商主义世纪》(纽约：哥伦比亚大学出版社，1939年)。

⑮ J. 克莱伯恩·拉·福斯(J. Clayburn La Force)：《1700—1800年的西班牙王家纺织厂》，《经济史杂志》第24卷，第3册(1964年9月)，第338页。

⑯ 同上书，第356—363页，拉·福斯归纳了这次失败的原因。可参见J.维森斯·维文斯的评价，《西班牙经济史》，第526—528页。

⑰ 引自F.哈通（F. Hartung）的《普鲁士行政史研究》（柏林，1942年）第23页，见J. O.林赛（J. O. Lindsay）编辑的《新剑桥现代史》第7卷：《1713—1763年的古老政体》，第313页（剑桥：剑桥大学出版社，1957年）。

⑱ 约瑟夫·T.富尔曼（Joseph T. Fuhrmann）：《俄国资本主义的起源》（芝加哥：奎德兰格尔出版社，1972年），第243—244页。

⑲ 同上书，第262页。

⑳ 特别要看阿卡迪厄斯·卡亨（Arcadius Kahan）的《彼得之后俄国经济活动和政策的连续性》，《经济史杂志》第25卷，第1册（1965年3月），第61页。请参见彼得·I.利亚申科（Peter I.Lyaschenko）的《俄国国民经济史》，L. M.赫尔曼（L. M. Herman）翻译（纽约：麦克米伦出版社，1949年），特别是第299—304页。利亚申科除了引用文件证实18世纪私人企业增长之外，还提供了（第302—303页）工业企业扩展的估计数。这些材料超出了这里的范围，但表明，在1725年至1762年（叶卡特林娜二世即位）上升了大约4倍，在18世纪最后10年，可能又增加了3倍。利亚申科提供了（第273页）1722年、1762年和1796年包括农村、城市分类细目的人口统计资料。

㉑ 格申克龙：《俄国镜子中的欧洲》，第71—73页。

㉒ 参见西奥多·A.沃泰姆（Theodore A. Wertime）的《钢铁时代的到来》（芝加哥：芝加哥大学出版社，1962年），第101页和脚注2，第101—102页资料来源。按其他材料，到1725年，俄国可能是欧洲最大的生铁生产国（富尔曼：《俄国资本主义的起源》，第263页）。按沃泰姆提供的数字，1725—1750年间，俄国生铁的产量为10000至15000吨。按富尔曼的数字，1740年的产量达31975吨。与这一数字相联系，卡亨（《彼得之后俄国经济活动和政策的连续性》第73页）提供了〔引自斯特鲁米林（Strumilin）〕一连串年产量的数字，1718年9271吨，1725年（彼得去世）增为13350吨，1735年达到22956吨。

㉓ 格申克龙：《俄国镜子中的欧洲》，第80页。

㉔ P.J.托马斯（P.J. Thomas）：《重商主义与东印度贸易》（伦敦：弗兰克·卡斯出版社，1963年），第32页。

㉕ 保罗·曼图克斯（Paul Mantoux）：《18世纪的工业革命》，修订版，第198页（纽约：哈珀和罗出版社，1961年）。

㉖ 托马斯：《重商主义与东印度贸易》，第48—117页和第138—165页出色地说明了导致1700年和1720年禁运的思想和政治斗争。

㉗ 托马斯认为（同上，第171—173页），这本小册子的作者是进出口总监察长亨

利·马丁(Henry Martyn)。还可参见保罗·曼图克斯的《18世纪的工业革命》第133页。

㉘ 赫克歇尔在《重商主义》第1卷,第172—175页中对法国的花布政策作了有益的概括。还可参见托马斯的《重商主义与东印度贸易》第160—161页。最全面的叙述见C. W. 科尔(C. W. Cole)的《1683年—1700年法国的重商主义》,第36—40页,第164—177页(纽约:哥伦比亚大学出版社,1943年)。

㉙ 赫克歇尔:《重商主义》第1卷,第173页。

㉚ 菲利斯·迪恩(Phyllis Deane)和W. A. 科尔(W. A. Cole):《1688—1959年英国的经济增长》,第2版,第127页(剑桥:剑桥大学出版社,1967年)。里格利(Wrigley)(见《人口和历史》,第82—83页)在详细研究了英国科利顿村(Colyton)的材料后,发现了1730—1750年期间的墓葬坑;也发现了18世纪40年代结婚人数急剧上升,50年代出生人数增长缓慢,60年代后期下跌,但在1770—1780年期间,又明显加速上升。在18世纪60年代后期,墓葬数上升,到90年代才减少。总之,里格利(第87页)发现科利顿村这种经历了17世纪的人口下降之后,在1700—1774年期间人口统计已恢复到了1538—1624年水平的类型。在其后的争论中,哈巴库克(《剑桥经济史》第25—33页)以此事例极其清晰地说明,在18世纪的后半个世纪,农业发展对欧洲人口的增长产生作用,原因是早婚和出生率增加。托马斯·麦基翁(Thomas Mckeown)和R. G. 布朗(R. G. Brown)在《18世纪英国人口的变化》〔《人口研究》第9期(1955年—1956年)第119—141页〕对哈巴库克的论点作出了答复,提出了缜密的道理,把人口增加的原因归之于"环境的改善"而死亡率下降。由于资料不足,争论未有结果,麦基翁和布朗已说明这一点。不过,他们指出,这两种观点有个一致的基本点(第140页):"……它(18世纪人口的增长)是经济和社会条件改善的结果。不论我们是更重视死亡率还是出生率,这一点是千真万确的。关于出生率,可设想的唯一的解释就是,由于这一时期经济的发展,结婚妇女的平均年龄明显下降了。"

㉛ 请参见A. H. 约翰(A. H. John)的"18世纪前期英国经济增长的概况"〔《经济》新编第21卷,第110册(1961年5月)〕和"英格兰1700年—1760年农业生产率和经济增长"〔《经济史杂志》第25卷,第1册(1965年3月),后来收入E. L. 琼斯(E. L. Jones)编辑的《英格兰1650—1815年农业和经济增长》(伦敦:梅休因出版公司,1967年),第172—193页,约翰附了一篇后记。〕后记答复M. W. 弗林(M. W. Flnn)对他的一个假设的批评。弗林的文章是:"评《英格兰1700—1760年农业生产率和经济增长》",《经济史杂志》第26卷(1966年3月)。有关18世纪后期与普鲁士和俄国对比的英国增长率,见表2。里格利(《人口和历史》第153页)估计,年平均增长率,英格兰和威尔士是0.80%,东普鲁士(1700—1800年)是0.84%,波美拉尼亚(1740—1800年)是

0.80%，与此相对比，法国（1740—1789年）是0.45%，意大利（1700—1800年）是0.45%，符腾堡（1740—1800年）是0.56%。

㉜ 珀金斯：《中国的农业发展》，第24页，第209页。

㉝ 何炳棣：《中国1368—1953年人口的研究》，第264、266、270页。

㉞ 珀金斯：《中国的农业发展》，第24页。

㉟ 同上书，第267页。

㊱ 何炳棣：《中国1368—1953年人口的研究》，第270页。

㊲ 请特别参见山村广造（Kozo Yamamura）的《1600—1867年德川幕府时期日本经济史的再研究》，《经济史》第33卷，第3册（1973年9月），第509—541页，其中脚注涉及其他修正论者的研究材料。

㊳ 关于早期日本人口，请参见艾琳·B. 托伊伯（Irere B. Taeuber）的《日本的人口》，第3—34页（普林斯顿：普林斯顿大学出版社，1958年）。

㊴ 同上书，第24—25页。

㊵ 赫伯特·希顿（Herbert Heaton）：《欧洲经济史》，第428—429页（纽约：哈珀和布拉泽斯出版社，1948年）。

㊶ R. H. 托尼（R. H. Tawney）对庄园所有权的分类有一个出名的计算，他与休·特雷弗·罗珀（Hugh Trevor - Roper）有过争论〔《1558—1640年绅士的兴起》，见E. M. 卡勒斯-威尔逊（E. M. Carus - Wilson）编辑的《经济史论文集》（伦敦：爱德华·阿诺德出版社，1954年），第173—214页，原载《经济史评论》第11卷，第1册（1941年）；以及一篇《补充》，见《经济史评论》第2辑，第7卷，第1册（1954年）〕。关于这些，有两点值得一提。重要的统计表附在下面。特雷弗-罗珀反对托尼在表2a中把1561年至1640年新封的贵族的庄园排除在外。托尼因此绘制了表2b。就当前的意图来看，特别要突出说明英国和欧洲大陆的差别，有两个关键的情况值得注意：在两个表上，都说明绅士起主要作用而且日益重要（从1561年的67%上升到1640年的81%或73%）；新封贵族的庄园数目所占比例高。这些新贵族主要是从绅士上升的，这反映这一时期英国贵族阶级的灵活变动（79年里，343个贵族中占186个，或者说占54%）。

1561年和1640年7个郡2547个庄园的所有权

(1) 1561年

总数	王室	贵族	绅士	教会	大学、医院和学校	其他
2547	242 (9.5%)	335 (13.1%)	1709 (67.1%)	185 (7.2%)	67 (2.6%)	9

(2) 1640年

(a)

1561—1640年间封为贵族的家庭拥有的庄园列入绅士庄园

总数	王室	贵族	绅士	教会	大学、医院和学校	其他
2547	53 (2.0%)	157 (6.1%)	2051 (80.5%)	179 (7.0%)	76 (3.0%)	31

(b)

1561—1640年间封为贵族的家庭拥有的庄园列入贵族庄园

总数	王室	贵族	绅士	教会	大学、医院和学校	其他
2547	53 (2.0%)	343 (13.4%)	1865 (73.3%)	179 (7.0%)	76 (3.0%)	31

㊷ B.贝伦斯(B. Behrens)在《古代政权末期法国的贵族、特权和税务》〔《经济史评论》第2辑,第15卷,第3册(1963年4月)第459页〕中提供了下面有关法国18世纪后期土地占有情况的分类材料:教士,10%;贵族,20%;资产阶级(在城市中拥有财产者),30%;农民,35%;公地等,5%。“农民”包括所有拥有土地但不能随意迁移,有的还负担一些封建义务的人。

㊸ 马克佐斯基(Marczewski):《法国经济某些方面的增长》,第375页。法国革命前10年间的特点是速度急剧下降。这些数字被批评为夸大了法国农业生产的增长。但是,事实上,1740年之后,尽管人口增加,城市化加快,法国再也没有发生过饥荒。

㊹ 在一篇富于想象力的论文中,罗伯特·福斯特(Robert Forster)试图详细论述法国久已为人注意的缺乏企业家热情的原因,把这个现象与18世纪英国农业进行对比(《18世纪法国农业发展的障碍》,《美国历史评论》,第75卷,第6册(1970年10月),第1600ff页)。在技术方面,他发现,问题的根源在于法国地主不愿意把资金用于农业,尤其是不愿意鼓励佃户改良土地,以免因为地租提高而使生产效率得不到全面的提高。他发现,英国处理农业投资和确定地租的态度大不相同。他发现,法国的大佃农,即租用大片土地种植粮食供应巴黎和东北部城镇市场的那些农民,只有少数成功,他认为这证实了他的假设。甚至这些大佃农的批评者也承认他们的商业经营具有较高的生产效率。根据福斯特的观点,实际上只有大佃农避免了法国农业的比较严重的弱点(第1613页),即:农民“主要的热心”在于办自给农场,“地主不愿冒风险而热衷于眼前的收入……与巴黎作为法国社会风尚的中心那种吸引力密切相关。巴黎有许多美好的事物——婚姻市场、金钱市场、领干薪的差事、办公室、升官,当然还有豪华的场

面。没有这些,要当绅士确实是太寒碜了。土地仅仅是一种财产,总是被吸干,供社会的贵人们挥霍、买军职、办嫁妆,又再挥霍。当土地的收入不敷用度时,大地主就抵押土地,用他人的资金,在圣托诺大街更加花天酒地、尽情挥霍,或者赠送嫁妆财礼。这些'挥霍'反过来可以提高地位。这样的资金究竟有多少出自生产性产业,这是另外一回事,但是,根本没有资金用来改良土地,这似乎是毫无疑问的"。

㊺ 维森斯·维文斯:《西班牙经济史》,第509—510页。雷蒙德·卡尔(Raymond Carr)形象地描绘了18世纪西班牙高级贵族阶层对农业生产效率的窒息作用,见艾伯特·古德温(Albert Goodwin)编辑的《18世纪欧洲的贵族》(伦敦:亚当和查尔斯·布莱克出版社,1953年),尤其是第48—54页。严格限定继承权的制度,使土地所有权逐渐集中于越来越少的贵族家庭。但是,贵族醉心于宫廷和城市生活,他们从大地产获得巨额收入,但对地产的经营不感兴趣,更不用说去提高生产效率了。与普鲁士、瑞典和俄国——某种程度上甚至与法国的贵族都不同,西班牙贵族对于18世纪波旁王朝政府创立的现代化企业,没有起过明显的积极作用。

㊻ 参见W. O. 亨德森(W. O. Henderson)的《腓特烈大帝经济政策研究》(利物浦和伦敦:弗兰克·卡斯出版社,1963年),第126页和注解2有关原始材料和不同的估计数。

㊼ 参见罗伯特·V. 伊格利(Robert V. Eagly)编辑的《瑞典关于金银硬币的论战》,见P. N. 克里斯蒂尔宁(P. N. Christiernin)的《关于瑞典高价外汇的论文(1761年)》(费城:美国哲学学会出版社,1971年),特别是第13—21页。简单地说,礼帽派实行扩张主义的经济军事政策,在1739—1765年期间造成通货膨胀和军事的僵持局面。但是,便帽派一上台就实行严厉的紧缩通货政策,因而终于在1769年下台。

㊽ 关于英国1688年至1691年的财政资料,见伊丽莎白·布迪·舒姆彼得(Elizabeth Boody Schumpeter)的《1660—1822年英国的价格和财政》,《经济统计资料评论》第20卷,第1册(1938年2月),第36—37页;米切尔和迪恩的《英国历史统计资料》第386—391页。关于18世纪末英国财政体制的状况,包括重要的行政改革,请参见J. E. D. 宾尼(J. E. D. Binney)的《1774—1792年的英国财政和行政》(牛津:克拉伦登出版社,1958年)。关于17世纪出售王室土地对促成议会控制英国财政所起的作用和正式整顿财政制度,见伊恩·金特尔斯(Ian Gentles)的《英国革命期间王室土地的出售》,《经济史评论》第26卷,第4册(1973年11月)。

㊾ 关于英国国王有权在内阁和议会机构之外正式征求建议,客观的评论并没有充分反映出在英国和其他国家,王室可以非正式对政策施加影响的程度。白金汉(Buckingham)公爵在1714年解职时发表的声明〔温斯顿·S. 丘吉尔(Winston S.

Churchill)曾引用,见《马尔波罗(Marlborough):他的一生和时代》第 2 卷,第 1008 页〕可能有些言过其实,但却是中肯的:“上帝啊,在我这一生,这个可怜的国家是被人家怎样治理的!查理二世国王在位时,治理我们的是一伙出卖信仰的法国人;詹姆士二世国王统治时,是一伙所谓教皇的神父;威廉国王时期,是一伙荷兰的奴仆。现在治理我们的是一个下贱的侍女,一个威尔士的代理人,一个放荡的小人,既无廉耻又无信誉”。

㊿ 资料引自 P. G. M. 迪克森(P. G. M. Dickson)和约翰·斯珀林(John Sperling)的《1689—1714 年的战时财政》,见 J. S. 布朗利(J. S. Bromley)编辑的《新剑桥现代史》第 6 卷:《大不列颠和俄国的崛起,1688—1715 年和 1725 年》(剑桥:剑桥大学出版社,1970 年),第 299 页。这一章运用独特和有价值的方法,说明了这一时期欧洲的战时财政与行政和政治体制改变的关系。

(51) 法国海军实力直到 1693 年还保存完好。到 1707 年,海军实力相对下降,当时海军建设实际上已经停止,直到战后阶段。虽然难以作精确的对比,英国当时拥有比较新的舰艇,比法国占优势,大概是 10∶7。从 18 世纪 20 年代起,法国舰队再次扩大,但是,有一个多世纪,英国始终没有失去它在 1713 年之前的 30 年间第一次明确取得的优势。

(52) 请特别参见贝伦斯(Behrens)的《古代政权末期法国的贵族、特权和税务》,尤其是第 470—472 页。贝伦斯女士提出了很有说服力的论点,认为法国贵族受土地税的重压,其他阶层享有同等或更大的特权,法国问题的根源是战时捐税负担过重,而不是特权过多。她的分析着重说明,法国比英国更依赖于直接税,但我认为,她的分析夸大了两国平均收入的差别。

(53) 同宾尼(Binneg)对英国 1774—1792 年期间的财政和行政的研究一样,博谢尔(Bosher)在他的《法国财政》一书中也提供文件说明这一重要过程。

(54) 关于普鲁士官僚制度的出现,对它的社会制度以及在腓特烈大帝以后的发展的详细说明,见汉斯·罗森堡(Hans Rosenberg)的《官僚政治、贵族政治和独裁政治,1660—1815 年普鲁士的经验》(马萨诸塞,剑桥:哈佛大学出版社,1958 年)。

(55) 格申克龙:《俄国镜子中的欧洲》,第 75 页。W. H. 布拉福德(W. H. Bruford)在《普鲁士的组织与兴起》〔见 J. O. 林赛编辑的《新剑桥现代史》第 7 卷:《旧政权,1713—1763 年》第 297 页(剑桥:剑桥大学出版社)〕中指出,在腓特烈大帝的统治下,普鲁士农民贡赋负担平均占每人土地纯收入的大约 40%。“此外……在许多场合,农民还必须向地主交纳同样数量的东西。”不管确切数字是多少,俄国和普鲁士的农民显然都被赋税压榨到只能维持最低的生活水平。

(56) 马克斯·贝洛夫(Max Beloff)在艾伯特·古德温编辑的《欧洲贵族》一书,特别在第 177—189 页提供了有关俄国贵族地位变化的简明而有价值的材料。贝洛夫强调，在彼得以后时期，贵族扩大的权力实质上是有限的。他得出结论（第 189 页）："……18 世纪末，俄国贵族与 100 年前在专横的彼得统治下的状况一样，仍是卑躬屈节的。"

第三章　商业革命

① 从 12 世纪起，意大利城市以及意大利人使西班牙和葡萄牙转向大西洋所起的作用，参见查尔斯·弗林登（Charles Verlinden）的《从地中海到大西洋，经济转移的某些情况，（12—18 世纪）》，《欧洲经济史杂志》第 1 卷，第 3 册（1972 年冬），第 625—646 页。

② 查尔斯·威尔逊：《利润和权力：英国与荷兰战争的研究》（伦敦，纽约，多伦多：朗曼斯与格林出版社，1957 年），第 143—144 页。

③ 威廉·坎宁安（William Cunningham）在《英国工业和商业的发展、重商主义制度》（剑桥：剑桥大学出版社，1925 年），第 332 页有关于 17 世纪英国占有殖民地的有意义的图表，表明斯图亚特王朝首创精神的重大功绩。

美洲和西印度群岛的种植园

纽芬兰	1583 年	H. 吉尔伯特爵士
巴巴多斯	1605 年	
弗吉尼亚	1607 年	公司
百慕大群岛	1614 年	公司
新英格兰	1620 年	公司
新斯科舍	1621 年	W. 亚历山大爵士
圭亚那	1627 年	白金汉公爵
安提瓜等	1627 年	卡莱尔伯爵
特立尼达等	1627 年	蒙哥马利伯爵
卡罗来纳	1629 年	希思将军
巴哈马	1630 年	公司
马里兰	1632 年	巴尔蒂莫尔勋爵
长岛	1635 年	W. 亚历山大爵士
牙买加	1655 年	
纽约等	1664 年	约克公爵
哈得逊湾	1670 年	公司
宾夕法尼亚	1682 年	W. 佩恩

续表

非洲公司的工厂和财产	
冈比亚	1631 年
黄金海岸	1660 年
拉各斯	1661 年
东印度公司的工厂和财产	
苏拉特	1609 年
马德拉斯	1639 年
胡格利	1650 年
圣赫勒拿岛	1651 年
孟买	1665 年

④ 请特别参见 F. J. 费希尔(F. J. Fisher)的《17 世纪初期伦敦的出口贸易》,W. E. 明钦顿(W. E. Minchinton)编辑的《17 和 18 世纪英国海外贸易的发展》(伦敦:梅休因出版社,1969 年),原载《经济史评论》第 2 辑,第 3 卷(1950 年),第 64—77 页。

⑤ 科尔:《柯尔柏和一个世纪的法国重商主义》,第 1 卷,第 383、436 页。

⑥ 关于这一时期,请参见拉尔夫·戴维斯(Ralph Davis)的《1660—1700 年英国的对外贸易》,明钦顿编辑的《17 和 18 世纪英国海外贸易的发展》,原载《经济史评论》第 2 辑,第 6 卷,第 2 册(1954 年),第 78—98 页。

⑦ 同上书,第 43 页,表 1。

⑧ 请参见 H. E. S. 费希尔(H. E. S. Fisher)的《英国-葡萄牙贸易,1700—1770 年》,明钦顿编辑的《17 和 18 世纪英国海外贸易的发展》第 158—163 页,转载于《经济史评论》第 2 辑,第 16 卷,第 2 册(1963 年)。

⑨ 埃默里·R. 约翰逊(Emory R. Johnson)等:《美国内外贸易史》第 1 卷,第 89 页,表 3(华盛顿 D. C.:卡内基学院,1915 年)。

⑩ E. 勒瓦瑟尔(E. Levasseur):《法国贸易史,第一部分:1789 年前》(巴黎:法学新书店,1911 年),第 515—518 页,在 518 页上有重要图表。

⑪ 弗朗索瓦·克鲁泽(Francois Crouzet):《18 世纪的英国和法国:两国经济增长的对比分析》,J. 桑德海默(J. Sondheimer)翻译,见 R. M. 哈特韦尔(R. M. Hartwell)编辑的《英国工业革命的原因》(伦敦:梅休因出版社,1967 年),第 146—147 页,根据《编年史》第 21 卷,第 2 册(1966 年)的一篇文章编写。

⑫ 关于这次失误的讨论,见 R. 凯布纳(R. Koebner)的《亚当·斯密和工业革命》,《经济史评论》第 2 辑,第 11 卷,第 3 册(1959 年),第 381—391 页。凯布纳认为,亚当·斯密没有论述技术变革及其可能性是因为他把注意力集中于必须打破那些限

制国内外竞争的政策和制度的力量。

⑬ T. S. 艾什顿(T. S. Ashton):《1760—1830 年的工业革命》(伦敦:牛津大学出版社,1948 年),第 57 页。

⑭ E. 贝恩斯(E. Baines):《棉织业的历史》(伦敦,1835 年)第 115 页。

⑮ 关于这一时期英国商业发展所产生的广泛经济后果的有价值的概括,请参见明钦顿的《17 和 18 世纪英国海外贸易的发展》的导言第 36—52 页。明钦顿在这里没有明确区别作用于经济发展的影响和与技术变革有关的影响。

⑯ 明钦顿(第 47 页)举例指出:“在布里斯托尔本地,商人向炼铁、玻璃、陶器、肥皂、制糖、黄铜与紫铜以及其他金属加工业投资,同时,南威尔士的炼铁、生产马口铁、黄铜与紫铜的工业也有布里斯托尔的资本。”

⑰ 弗朗索瓦·克鲁泽:《1792 年到 1815 年欧洲的战争、封锁和经济变化》,《经济史杂志》第 24 卷,第 4 册(1964 年 12 月),第 568—569 页。

⑱ 迪恩和科尔:《1688—1959 年英国的经济增长》第 7 页。这些计算的根据,从正文是看不清楚的。这些数字看来是根据主要城镇人口增长的估计数推算出来的。

⑲ 商业革命不是足以引起工业革命的条件这类观点,参见保罗·贝罗克(Paul Bairoch)的《国际贸易和英国工业革命的起源》,见《经济、社会、文明年鉴》第 28 卷,第 2 册(1973 年 3—4 月)。西欧在发展商业时没有有效地吸收重要的新技术,这个经历同一些后来的发展中国家的经历相似,这些国家进入了出口贸易迅速发展的时期,但是经过相当长的时间才发生工业革命。参见纳撒尼尔·H. 莱夫(Nathaniel H. Leff)的《19 世纪热带贸易和发展:巴西的经验》,《政治经济学杂志》第 81 卷,第 3 册(1973 年 5—6 月),第 678—696 页。

第四章 科学、发明和革新

① A. N. 怀特黑德(A. N. Whitehead):《科学和现代世界》(纽约:麦克米伦出版社,1925 年),第 3 页。

② H. 巴特菲尔德(H. Butterfield):《现代科学的起源,1300—1800 年》(纽约:麦克米伦出版社,1952 年),第 149 页。

③ 这种看待科学、发明和革新的方法,作者在《经济增长》一书曾展开论述,尤其是第 2、第 3 两章。

④ 据我所知,力求明确评价发明者动机的少数人之一谢尔比·T. 麦克洛伊(Shelby T. Mccloy)在《18 世纪法国的发明》(肯塔基,列克星顿:肯塔基州大学出版社,1952 年)第 189 页中,关于 18 世纪法国发明家曾说过以下一段话:“发明家的动机,或激励因素这个问题,更加难以解决。在我们这个世纪,在不小的程度上,因为有了卡尔·

马克思的著作，读者很可能轻易、草率地得出结论，认为经济动机是首要的。有不少发明家一定是这样。事实上，大概最大多数发明家都希望从自己的发明成果获得一些资金的利益。但这绝不是说希望获得经济利益是首要的动机，即使这确实是最初的推动力。几乎没有哪个发明家曾从自己的发明成果中获得可观的利益。绝大多数都是把他们继承得来的财产和积蓄都耗费在发明活动上。大多数人得到的最大报酬是政府补助金，其数额往往不多。有些人甚至得不到任何报酬。事实上，有些发明者对金钱报酬无动于衷，以致放弃他们的发明被他人利用时他们应有的经济权。像这样的人有伯索利特(Berthollet)、伯塞洛特(Berthelot)、卡马斯(Camus)和圣-索韦尔(Saint - Sauveur)。康特(Conté)的朋友很难说服他不要这样做，只是他家里人的意见才感动了他。沃坎森(Vaucanson)把他收集到的机器献给了国王，用于公开展出。他为收集这些机器花费掉他挣得的大笔收入。在这些人身上放射出爱国主义和人道主义的光芒。而且，追求成就和声誉的愿望更为炽热而光辉。这就是法国发明者的主要动机。经济报酬是第二位考虑的事情，没有人道主义和爱国主义动机的情况极为罕见。”

⑤ 这种曲线在托马斯·S. 库恩(Thomas S. Kuhn)的《科学革命的结构》的分析中也含蓄地提到，见该书第2版增订本(芝加哥：芝加哥大学出版社，1962年和1970年)。关于库恩观点的长期争论以及他的反应，参见伊姆雷·拉卡托斯(Imre Lakatos)和艾伦·马斯格雷夫(Alan Musgrave)合编的《批评与知识的增长》(剑桥：剑桥大学出版社，1970年)。对类似的观点的表述，见作者的《经济增长》第62—63页，包括有关的脚注，其中探讨了确定基础科学经济效益的困难。

⑥ 作者关于在现代不断增长的经济中投资部门类型的观点，见《经济增长》，特别是第96—103页，以及《经济增长的阶段》第2版，特别是第ix－xiv、12—16、174—176、184—186页(剑桥：剑桥大学出版社，1971年)。

⑦ 特别参见雅各布·施莫克勒(Jacob Schmookler)的《发明与经济增长》(马萨诸塞，剑桥：哈佛大学出版社，1966年)。有关早先把发明看作由经济引起的现象的论述，见S. P. 厄谢尔(S. P. Usher)的《机械发明史》(纽约：麦格劳-希尔出版社，1929年)；S. C. 吉尔菲兰(S. C. Gilfillam)的《发明社会学》(芝加哥：福莱特出版社，1955年)；以及R. S. 塞耶斯(R. S. Sayers)：《英国技术进步的源泉，1919—1939年》，《经济杂志》第60卷，第238册(1950年6月)，尤其是第282页以后各页；艾什顿：《工业革命》第91—92页。J. 熊彼特(J. Schumpeter)对这问题没有定论的阐述也需要注意，见《商业周期》(纽约：麦格劳-希尔出版社，1939年)，第1卷第85n页。熊彼特认为，需求引起发明和革新的情况确实存在，但是还有这样的情况，发明与任何特殊的需求无关，或者与依赖特定的革新同发明相结合才能得到满足的需求无关。熊彼特说：“也许有人认为，革新只能是应付特定经济形势的一种努力。在某种意义上，这是对的。要使特定的革新成为

可能,总是必须存在着一些'客观需要'和一定的'客观条件';不过,这些'需要'和'条件'很难独自确定何种革新适合它们的要求,这种情况即使有,也是很罕见的。按常规,它们总可以通过许多不同途径得不到满足。最重要的是,它们也可能无限期地得不到满足,这表明它们本身并不足以产生革新。"这个问题在作者的《经济增长》一书第83—86页已加以论述。

⑧ 内森·罗森堡(Nathan Rosenberg)认真地论述了这一点,以及它对施莫克勒(Schmookler)的基本命题的限制,见《科学、技术和经济增长》,《经济杂志》第84卷,第333册(1974年3月)。

⑨ 《经济增长》第67页对凯恩斯确定投资水平的传统表述作了进一步的修改:"……可以理解为从资本曲线的边际效率中扣除,作为成本费、风险保险费;即是:安全利率和某个社会给予具体投资行为相当于风险程度的利息之间的差额。"加上这样的修改,在超过安全利率的利润潜在价值消耗完之后,投资水平就表现出来了。

⑩ 请参见I.D.伯内特(I.D.Burnet)的《起飞的解释》,《经济记录》1972年9月号,第424—428页;以及尼古拉斯·卡尔多(Nicholas Kaldor)的《平衡经济不切实际》,见《经济杂志》第82卷,第328册(1972年12月),第1237—1255页。这两位作者都提到A.A.扬(A.A.Young)的名作:《报酬递增与经济进步》,《经济杂志》第38卷(1928年12月)第528—542页。有关阿尔弗雷德·马歇尔(Alfred Marshall)对报酬递增的探索,参见他的《经济学原理》附录H和《货币、信贷和商业》附录J第8和第10段。伯内特的文章明确地脱离了以前对报酬递增所作的理论分析。他把报酬递增的概念运用于重大的革新突破,新工业的创立,而不是指在现有工业内部在技术上和组织上渐进的改善。

⑪ 纽约,1930年出版,第4—5页。

⑫ 赫伯特·丁格尔(Herbert Dingle):《哥白尼与行星》,《科学史,专题论文集》(伊利诺斯,格伦科:自由出版社,1951年)第37页。关于曾影响哥白尼的当时意大利科学热情的社会学分析,参见本-戴维(Ben-David)的《科学家的作用》,尤其是第55—69页。本-戴维论证,早期意大利科学的根本冲击作用出于一个"试图取代官办大学的哲学家和使天主教教会的知识观现代化"的团体(第63页),因此,同在北欧出现的关于物质进步的概念没有联系。

⑬ 请参见《18世纪美国的科学协会》,见拉尔夫·S.贝茨(Ralph S. Bates)的《美国的科学协会》第2版第1—27页(纽约:哥伦比亚大学出版社,1958年)。

⑭ G.N.克拉克(G.N.Clark):《牛顿时代的科学和社会福利》(牛津:克拉伦登出版社,1937年),第60—91页;《科学的社会和经济问题》,以及B.赫森(B.Hessen)的《牛顿"原理"的社会和经济根源》,见《十字路口的科学》(苏联代表在1931年6月29日

至 7 月 3 日在伦敦举行的科学和技术史国际会议上提出的论文)。本-戴维对 17 世纪英国科学和社会联系的方程式增加了一个因素(《科学家的作用》第 74 页)。他说,在意识形态冲突十分激烈的时期,从清教徒革命到光荣革命,实验自然科学"成为追求共同理性目标的中立的聚会所的象征"。科学成为"开放与多元社会的哲学的范例"。按这个观点来看,1688 年革命降低了英国科学对哲学的这种作用(第 79 页),但是,在 18 世纪的法国,科学发挥了相似的作用(第 82—83 页)。本-戴维可能会以此解释为什么 18 世纪法国科学院比英国皇家学会具有更大的活力。

⑮ B. 赫森:《牛顿"原理"的社会和经济根源》,第 182—183 页。

⑯ 同上书,第 167 页。

⑰ 同上书,第 176 页。

⑱ 同上书,第 183、191 页。

⑲ 克拉克:《牛顿时代的科学和社会福利》,第 86 页。

⑳ 詹姆斯·琼斯爵士(Sir James Jeans):《物理科学的发展》(剑桥:剑桥大学出版社,1947 年),第 160 页。

㉑ 关于 17 世纪荷兰的才华集中在绘画方面的基本原因,对其详细论述见威尔逊的《荷兰共和国》第 7 章。

㉒ 同上书,第 123 页。

㉓ 特别参见唐纳德·弗莱明(Donald Fleming)的《潜热与瓦特蒸汽机的发明》,见《爱西斯》(*Isis*)第 43 卷,第 1 部分,第 131 册(1952 年 4 月),第 3—5 页。

㉔ 查尔斯·C. 吉利斯皮(Charles C. Gillispie):《工业自然史》,见《爱西斯》第 48 卷(1957 年),转载于 A. E. 马森(A. E. Musson)编辑的《18 世纪的科学、技术和经济增长》,第 126 页(伦敦:梅休因出版社,1972 年)。

㉕ 见怀特黑德的《科学和现代世界》,第 2—3 页。

㉖ 同上书,第 14 页。

㉗ 塞缪尔·利利(Samuel Lilley):《17 世纪科学仪器的发展》,《科学史》,第 74—75 页。还请参见利利的《人、机器和历史》。

㉘ 艾什顿:《工业革命》,第 16 页。

㉙ 罗伯特·E. 斯科菲尔德(Robert E. Schofield):《伯明翰月球学会中科学的工业倾向》,见《爱西斯》第 48 卷(1957 年),第 408—415 页,马森的《18 世纪的科学、技术和经济增长》,第 136—147 页。还请参见斯科菲尔德的《伯明翰的月球学会》(牛津:克拉伦登出版社,1963 年)。

㉚ 特别参见 A. E. 马森和埃里克·鲁宾逊(Eric Robinson)的《工业革命时的科学和技术》(曼彻斯特:曼彻斯特大学出版社,1969 年)。彼得·马赛厄斯(Peter Mathias)在《谁解放了普罗米修斯？1600—1800年的科学和技术变革》一文中也探讨了科学与技术之间的复杂联系，见彼得·马赛厄斯编辑的《1600—1900年的科学和学会》(剑桥：剑桥大学出版社，1972年)，马森的《18世纪的科学、技术和经济增长》第69—96页转载。这一章的初稿发表在《约克郡经济和社会研究公报》1969年第21卷。

㉛ 引自弗莱明(Fleming)：《潜热与瓦特蒸汽机的发明》，第5页。

㉜ 施莫克勒：《发明与经济增长》，第200页。

㉝ 引自W.拉德克利夫(W. Radcliffe)的《1828年动力织机的起源》，第62页，见菲利斯·迪恩的《第一次工业革命》，第87页(剑桥：剑桥大学出版社，1965年)。

㉞ 爱德华·贝恩斯：《棉织业的历史》(伦敦：1835年)，第357页。

㉟ 根据新的材料，重新追述这段史实，见查尔斯·K.海德(Charles K. Hyde)的《1709—1790年英国炼铁业采用焦炭熔炼技术》(提交给1972年在剑桥召开的英国“新”经济史会议的油印材料)。海德根据木炭成本上升所作的分析，与G.哈默斯利(G. Hammersley)的一篇重要的修正论观点的文章《1540—1750年木炭炼铁业及其燃料》〔《经济史评论》，第26卷，第4册(1973年11月)〕的观点完全吻合。哈默斯利有说服力地论证，以木炭为燃料的炼铁业对英国林地的要求是有限的，但是，木炭的价格在17世纪期间大约增加了两倍，以后还缓慢上升(第609页)。迫使价格上涨的原因，不是炼铁业的需求不断增长，而是需要增加耕地和炼铁业之外的其他工业也需要燃料。价格上涨使竞争条件不如瑞典，这涉及燃料费用之外的一些因素，以及以海德为代表的从使用木炭改为使用焦炭的不断增强的经济刺激。

㊱ 爱德华·贝恩斯：《棉织业的历史》，第220页。

㊲ 引自曼图克斯的《18世纪的工业革命》，第320页。

㊳ H.J.哈巴库克：《人口、商业和经济思想》，第42页。

㊴ 请特别参见克鲁泽的《18世纪的英国和法国：两国经济增长的对比分析》。在三篇有名的文章——《从1540—1640年法国和英国工业增长对比》第1、2章和第3章，见《政治经济杂志》第44卷，第3、4册和第5册(1963年)——中，约翰·N.内夫(John N. Nef)把早期的法国和英国的工业增长作了比较。他论证道，在这个世纪，英国的采矿、冶金、造船、酿造和化工(明矾和绿矾)发展迅猛，法国无法与之相比；这些工业促进了资本主义的工厂化生产；“18世纪末和19世纪的工业革命仅仅提高了英国在工业产量和工业资本主义发展方面早已取得的领先地位”(第666页)。英国在17世纪末和18世纪初的初步工业优势是不可否认的，尽管如内夫所指出的，在制造业最重要的部门——纺织业中，这种优势最不显著。然而，像内夫那样，从1660年一下跳到1783年甚至更远，是不适宜的。法国在18世纪的第二和第三个25年里大步地赶了上来。

㊵ 关于18世纪欧洲按人口平均的相对收入水平的论述，参见科尔和迪恩的文

章:《国民收入的增长》,见哈巴库克和波斯坦合编的《剑桥经济史》第 6 卷,第 3—6 页。

㊶ 迪恩和科尔:《1688—1959 年英国的经济增长》,尤其是第 82—97 页。

㊷ 同上书,第 92 页。

㊸ 马赛厄斯:《谁解放了普罗米修斯》,第 81 页。

㊹ 出自一个匿名作家的《关于捐税和贡赋的论文,1679 年》,第 53 页。该书保存在不列颠博物馆。引自艾尔弗雷德·P. 沃兹沃思(Alfred P. Wadsworth)和朱莉娅·德拉西·曼(Julia Delacy Mann)合著的《棉花贸易和工业城市兰开夏,1600—1780 年》,第 113—114 页(曼彻斯特:曼彻斯特大学出版社,1931 年)。

㊺ 同上书,第 413 页。

㊻ 法国发明家和政府当局间的互相影响在麦克洛伊《18 世纪法国的发明》一书中有最好的说明。这本书考察了法国在 11 个主要领域内发明的进展,第 12 章《专利权和鼓励》综述政府的作用。法国 18 世纪发明和形成发明的努力的历史表明,D. C. 诺思(D. C. North)和 R. P. 托马斯(R. P. Thomas)在《西方世界的崛起》(剑桥:剑桥大学出版社,1973 年),尤其是第 10 章,用私人财产权为中心来解释英国和法国现代化速度的差别,论据是不充分的。

㊼ 麦克洛伊:《18 世纪法国的发明》,第 191 页。

㊽ 对这个观点最好的解释是克鲁泽的《18 世纪的英国和法国:两国经济增长的对比分析》,第 168—172 页。

㊾ J. R. 哈里斯(J. R. Harris):《18 世纪英国和法国的工业和技术》(英国伯明翰:伯明翰大学出版社,1972 年)。

㊿ 引自托马斯的《重商主义与东印度贸易》,第 161 页。

51 克鲁泽:《18 世纪的英国和法国:两国经济增长的对比分析》,第 170—171 页。

52 沃兹沃思和曼:《棉花贸易和工业城市兰开夏》,第 204 页。

53 同上书,第 416—419 页。

54 贝恩斯:《棉织业的历史》,第 115 页。

55 同上书,第 116 页。

56 艾什顿:《工业革命》,第 16—19 页。

57 埃弗雷特·E. 哈根(Everett E. Hagen):《论社会变革的理论》(伊利诺斯,霍姆伍德:多尔西出版社,1962 年),第 294—309 页。还请参见罗伯特·K. 默顿(Robert K. Merton)的《清教徒对科学的推动》,在诺曼·W. 斯托勒(Norman W. Storer)编辑的《科学社会学》一书第 228—253 页(芝加哥:芝加哥大学出版社,1973 年,最先出版于 1938 年)。

58 查尔斯·亨利·赫尔(Charles Henry Hull)编辑的《威廉·佩蒂爵士的经济著

作》(剑桥:剑桥大学出版社,1899 年),第 1 卷,第 263—264 页。

⑲ 麦克洛伊:《18 世纪法国的发明》,第 186—188 页。

⑳ 关于荷兰转向食利者经济,见威尔逊的《荷兰共和国》第 230—242 页。更为详尽的分析,参见威尔逊的《18 世纪英国-荷兰的贸易和财政》(剑桥:剑桥大学出版社,1941 年)。

第五章 1783—1820 年的世界经济综述

① 吉利斯皮:《工业自然史》,第 125 页。

② 关于这个主题的论述,参见阿瑟·D. 盖尔(Arthur D. Gayer)等人的《1790—1850 年英国经济的增长和波动》(牛津:克拉伦登出版社,1953 年),第 2 卷,第 4、5 章,尤其是第 646—649 页。

③ 关于 18 世纪经济波动有创见的分析,参见 T. S. 艾什顿的《1700—1800 年英格兰的经济波动》(牛津:克拉伦登出版社,1959 年)。

④ 这一扩张和危机的后期阶段,在盖尔等人的《1790—1850 年英国经济的增长和波动》中按年代作记录,见第 1 卷,第 7—27 页。

⑤ 戴维·麦克弗森(David Macpherson):《商业年刊》(伦敦:1805 年)第 4 卷,第 387—388 页。

⑥ 关于战争年代对欧洲大陆的经济冲击的分析,强调欧洲贸易的"非美洲化",特别参见克鲁泽的《战争、封锁和经济变化》。

⑦ 同上书,第 578 页。

⑧ 同上书,第 579—580 页。

⑨ 同上书,第 585 页。

⑩ 简·马克佐斯基《1660—1958 年法国经济某些方面的增长》第 380 页估计,法国的棉纺和棉织业有两个时期在法国工业中达到最高的增长率。这两个时期是:从 1781—1790 年到 1803—1812 年(5.14%);从 1803—1812 年到 1825—1834 年(4.73%)。这两个时期的棉织品也达到相似的增长率。

⑪ 关于比利时起飞的简要叙述,参见 W. W. 罗斯托编辑的《起飞了的经济进入持续增长阶段》(纽约:圣马丁出版社,1963 年),第 375—378 页中利昂·杜普里兹(Léon Dupriez)教授的文章。杜普里兹指出,在比利时,纺织业也是不足以作为经济起飞的基础。关于比利时和荷兰的长期发展有意义的对比,强调前者对工业的偏爱。这方面的材料,参见简·A. 范霍特(Jan A. Van Houtt)的《从开始进入现代以来比利时和荷兰的经济发展》,《欧洲经济史杂志》第 1 卷,第 1 册(1972 年春季),第 100—120 页。

⑫ 维森斯·维文斯:《西班牙经济史》,第 580 页。

⑬ 威尔逊:《18世纪英国-荷兰的贸易和财政》,第204页。

⑭ 关于这一时期英国与俄国的摩擦以及英国炼铁业的发展的介绍,参见T.S.艾什顿的《工业革命时的钢铁》(曼彻斯特:曼彻斯特大学出版社,1924年),第142—156页。

⑮ 关于这一时期俄国工业的介绍,参见利亚申科的《俄国国民经济史》,第327—339页。

⑯ 请特别参见C.诺思科特·帕金森(C. Northcote Parkinson)的《1793—1813年东方海域的贸易》(剑桥:剑桥大学出版社,1937年),特别是第69—97页、357—365页。

⑰ R.米克杰(R. Mukerjee):《1600—1800年的印度经济史》(阿拉哈巴德:基泰布·马哈尔出版社,1967年),第163—194页。

⑱ 贝恩斯在《棉织业的历史》第416页对1832年的英国棉布出口作了详细的分类,对德国的出口总额是330万英镑;对中国、东印度公司的属地和锡兰的出口额是160万英镑。

⑲ C.C.张(C.C.Chang):《对中国的农业与收成的估价,1932年》,第11—14页。引自H.F.麦克奈尔(H.F.MacNair)编辑的《中国》(伯克利和洛杉矶:加利福尼亚大学出版社,1946年),第48页A.K.邱(A.K.Chiu)的《农业》一文。

⑳ 帕金森:《1793—1813年东方海域的贸易》,第94页。关于茶叶走私和英国人喝茶习惯的变化,特别参见W.A.科尔的《18世纪走私的趋势》第4章,在明钦顿编辑的《17和18世纪英国海外贸易的发展》,第121—143页,根据《经济史评论》第10卷,第3册(1958年)转载。

㉑ 科尔:《18世纪走私的趋势》,第128页。

㉒ 关于1801—1804年的第一批铁路,参见盖尔等人的《1790—1850年英国经济的增长和波动》,第69页。有关对1829年前英国铁路的简单但有价值的介绍,参见H.J.戴奥斯(H.J.Dyos)和D.H.奥尔德克罗夫特(D.H.Aldcroft)的《英国的运输》(莱斯特:莱斯特大学出版社,1969年),第111—118页。

㉓ 麦克洛伊在《18世纪法国的发明》第32—35页中谈到了这件事。

索　引

（索引页码为原书页码，即本书边码）

图书在版编目(CIP)数据

这一切是怎么开始的:现代经济的起源/(美)W. W. 罗斯托著;黄其祥,纪坚博译. —北京:商务印书馆,2024
(汉译世界学术名著丛书:120年纪念版:珍藏本:增订本)
ISBN 978-7-100-23851-9

Ⅰ. ①这… Ⅱ. ①W…②黄…③纪… Ⅲ. ①世界经济—经济史 Ⅳ. ①F119

中国国家版本馆 CIP 数据核字(2024)第 080211 号

汉译世界学术名著丛书
(120 年纪念版·珍藏本·增订本)
这一切是怎么开始的
——现代经济的起源
〔美〕W. W. 罗斯托 著
黄其祥 纪坚博 译
孟宪谟 沈丙杰 校
肖希明 总校

商务印书馆出版
(北京王府井大街 36 号 邮政编码 100710)
商务印书馆发行
北京新华印刷有限公司印刷
ISBN 978-7-100-23851-9

2024 年 5 月第 1 版　开本 710×1000 1/16
2024 年 5 月北京第 1 次印刷　印张 16¼
定价:82.00 元